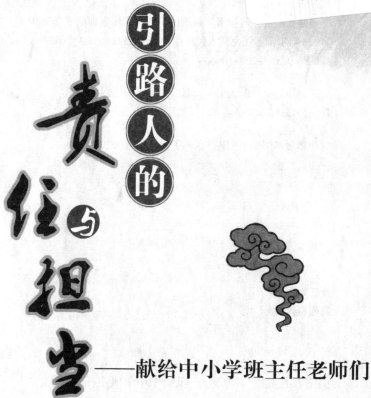

引路人的

责任与担当——献给中小学班主任老师们

秦汝高 著

黑龙江人民出版社

图书在版编目(CIP)数据

引路人的责任与担当：献给中小学班主任老师们 / 秦汝高
著. —哈尔滨：黑龙江人民出版社,2016.1（2021.3重印）
ISBN 978-7-207-10666-7

Ⅰ.①引…　Ⅱ.①秦…　Ⅲ.①中小学—班主任工作
Ⅳ.①G635.16

中国版本图书馆CIP数据核字(2016)第027006号

责任编辑:杨子萱
封面设计:胥文君

引路人的责任与担当——献给中小学班主任老师们
秦汝高　著

出版发行　黑龙江人民出版社
通讯地址　哈尔滨市南岗区宣庆小区1号楼
邮　　编　150008
网　　址　www.longpress.com
电子邮箱　hljrmcbs@yeah.net
印　　刷　三河市华东印刷有限公司
开　　本　787×1092　1/16
印　　张　12.75
字　　数　115千字
版　　次　2016年3月第1版　2021年3月第2次印刷
书　　号　ISBN 978-7-207-10666-7
定　　价　36.00元
版权所有　侵权必究　　　　　举报电话:(0451)82308054
法律顾问：北京市大成律师事务所哈尔滨分所律师赵学利、赵景波

作者教育生涯影像摘录

秦汝高先生

秦汝高先生随省"万家优教"讲师团在宿迁报告后与报告团成员合影

秦汝高先生在淮安电视台《今日观察》演播室接受现场采访的场景

秦汝高先生在高考前夕接受淮安日报采访，在网上与网友进行交流，解答网友提出的高考疑难问题。

清河中学为秦汝高先生设立的工作室外景

秦汝高先生现在供职的江苏省清河中学全景

秦汝高先生与班主任交谈

秦汝高先生与学生交谈

秦汝高先生向青年教师传授教育教学经验

秦汝高先生为学生及家长填报考志愿出谋划策

序　言

　　来到市关工委工作不久，我就听到了不少传说，说是淮阴中学的秦汝高老师，对于家庭教育的思路，对于青少年成长规律的探索，都有着比较深刻的见解并获得丰硕的成果。

　　求贤若渴。我们很快如约相见。说起家庭教育、学校教育和社会教育的区别和联系，特点和要求，现状和趋势，秦汝高是如数家珍，给人的印象不但完整，而且深刻。

　　十多年过去了，为了淮安的家庭教育事业，为了全市的关工委事业，他付出了热情，投入了诚心。在农村学校的露天操场上，他为最普通的底层家长用最朴素最通俗的语言讲述着家庭教育的本质与宗旨；在好多县区的家长学校讲台上，他为培训优秀家教老师，不辞劳苦，呕心沥血；在电视台的演播大厅里，在《淮海晚报》的教育版面上，在《淮安日报》的"党报在线"上，他在耐心细心地疏解着家长的烦恼与困惑，安抚着不少高三、初三学生考前的焦虑与不安。

　　不仅如此，他还长期担任清河中学教育教学的首席顾问，并且获得全校上下有口皆碑的评价与称赞。

尤为可贵的是,他忘了年龄,忘了工作难度和强度,把自己半个多世纪的教育心得、教育思想整理成书,留作清河中学校本教材。

他的书名定为《引路人的责任与担当》,副题是《献给中小学班主任老师们》。荣幸的是,这本书的序言作者居然让我成了首邀人选。顾不得却之不恭,受之有愧的礼数,也不管自身写作水平的深浅与高低,冲着他对教育事业的热情与真诚,冲着他对我的充分信任,也冲着我对青少年教育事业的职责所在,义不容辞,我愉快地接受了他的邀请并且仔细拜读了他的书稿。

站得高,是我对这本书的第一感觉。在多数人看来,班主任并非官衔,而是所有教师都必须胜任的管理者。普通,平凡,甚至卑微,这是许多人心目中的班主任身价。可是,在秦汝高老师的眼里,班主任横管眼前成长,纵管一生影响。因为他坚信,从小养成的人品,对人的影响是立体的,又是终身的。正因为如此,班主任工作的价值就合乎逻辑地关系到每个学生的健康成长,关系到相关家庭的和谐幸福,关系到社会的长治久安,关系到国家民族的荣辱与盛衰。

这种由小及大由近及远的思维方法,是难能可贵的。因为它让人走出就事论事,走进自觉与深入。也许,一个退休已经十五年的人,为什么还要把教育当生活,还要为教育事业乐此不疲地忙碌着,奔波着,答案只能在那个有高度的向往中、有深度的追求中、有热度的自觉坚守中找到。

接地气,是该书的第二个特点。作者五十五年教师生涯,始终身处教学第一线。全书所叙所议源自实际,同时又高于实际。广大青年班主任,目睹此书内容,一定会感同身受,产生强烈的共鸣。全书八章,每一章的选题都是班主任工作躲不掉绕不开而必须面对的话题。例如,教育效果的制约因素问题牵动着所有老师和家长对于教育动机的重新考虑与梳理;与家长的交流与沟通,在好多人看来像是不成问题的问题。但是,放眼所有的基础教育,不成功的家校交流与沟通的教训,简直俯拾皆是。再如,如何引导孩子学好功课,谁能说不是关系到千家万户的问题。小学高年级以上的学生,足以读懂此书。因为书中的话题都是基础教育范围内的普通问题、典型问题。

见解深,应该是这本书的第三个特点。考试粗心,在中小学生群体里是再常见不过的现象了。究其原因,作者从认识、性格、心理、方法等多方面加以说明。这还不算,学生的认识、性格及心理等从何而来?从教育环境而来。因此,家庭教育、学校教育自然地要负起共同责任。未成年人身上的诸多问题,根在哪里,源在何处,首先要查找的应该是他们成长的最初环境。

最讨人嫌的孩子也许在本质上是最可怜的。因为,所有的污水都曾经是清水。这是秦老师在对待差生问题上一再阐发的见解。我认为,这样的见解不但是一种眼光,更是一种胸怀,一种宽广远大的胸怀。

《学会评价　教会成长》这一章是对作者教育思想、教育风格、教育方法和技巧的集中表达,也是对他能拥有那么多独到见解的有力说明。

把站得高、接地气、见解深三个特点有机地联系起来，我们就可以很自然地引申出第四个特点，那就是说服力强。

《潜能大释放的个案回顾》全是真人真事的记录，无论是事情本身还是对事情的点评，既让人心悦诚服，也让人深受启发。

论证新颖有力应该是说服力强的充分条件。夹好了的饭菜在突然停电的情况下照样顺利送进嘴里；光天化日千家万户用餐时难免有饭菜掉落到桌面上。学生考试做基础题时丢三落四（粗心），做难题时滴水不漏（注意力高度集中）。态度和能力都不能最终说明问题，心理浮躁、无意轻视才是最真实最具体的原因。这样的论证，角度之新颖，程度之贴切，说服力之可信，几乎是无可挑剔的。

这些特点为什么如此鲜明又强烈地在他一个人身上表现出来？不是靠聪明，他自己反复强调这一点；也不是碰运气，巧合的事不可能成系统。根源到底何在？知之深爱之切行之坚，这是真正的根源所在。

七十六岁的老人了，对待他所热爱的基础教育事业，与之密切相关的关工委事业，一如刚退下来不久的精神状态，依然精神焕发，乐于担当，并且精益求精。我们佩服他的工作热情，更欣赏他的漂亮转身。借助他的真实经历，很想建议那些已退或要退的老同志们，不妨也来考虑一下，为了社会的长治久安，为了千家万户的安宁和谐，可否也来一次向当地关工委的华丽转身？那是会受到热情欢迎的。

　　秦老师的书就要出版发行了,相信班主任及各位老师们,会从中受到许多启发;校外的广大家长们,也会从中受到许多启发;也包括从事关工委工作的同志们,同样会从这本书中获得耳目一新的感觉。

　　对秦老师为基础教育事业付出的努力,深表谢意,对他的忙碌和辛苦,深表敬意。

　　是为序。

淮安市关工委主任　刘学东

2015年5月

自 序

学而知其不足，教而知其困。

面对古人的教诲，想想自己的经历，虽然认识上的幼稚实践中的盲目皆有减少；但是，知其不足，知其困的感觉却依然强烈，求其甚解的欲望也没有减轻。

半个多世纪过去了，退休前的四十年中我当过二十七年班主任，退休后做了十五年的教育教学顾问，本质上也是为班主任工作所顾所问。从没间断的五十五年教育生涯，从没离开的一线岗位，教育教学的酸甜苦辣与成败得失，班主任工作的细枝末节，在我的感性认知上，足够丰富并多样；在我的漫长实践中，也曾有所心得有所感悟；在我的理性判断上，多少有些条理，有些升华；在我的工作评价上，无论是退休前还是退休后，被肯定被鼓励的次数也还不少。按照知足常乐的说法，按照年龄，我可以知足可以全休了，可却总是乐不能心安理得，休不能彻底放下。

一方面，古人的教诲总是如影随形：既然知其不足、知其困，为什么心甘却步？为什么不求甚解？

另一方面，更为重要的是，现实中的种种教育问题，就像一尊无形的判官,无时不在拷问着每一个教育者的良知,无处不在催促着天下所有教育者的动机和责任。

家庭教育中的种种盲目与困惑,学校教育中的见分不见人,见人不见心,见心不见魂,同样经历着盲目和僵化的干扰;社会教育中的文明与落后的较量,低俗与高雅的格斗,贪婪与无私的抗争,邪恶与正义的拼杀,看不见刀光剑影,却闻得见火药味浓浓……这一切,教育承担的直接责任不多,间接责任肯定不少。当今世界的许多有识之士,在观察各种愚昧和落后的现象时,甚至在观察恐怖主义等极端现象时,多数是把它们和教育联系起来思考的。

教育者不去掉身份或职业的眼光看教育,局限性狭隘性难免不干扰对教育本质的认知与理解。

恰逢清河中学要写一本关于班主任工作的校本教材,诸位校长又执意让我来完成,顾不上却之不恭受之有愧的礼数,我没加推辞地应允了。因为,还没离开的教育岗位,五十五年的教育情结,真不是一两句谦虚的话语就能割舍的。

我的最大心愿是为后来者抛砖引玉。因为天下所有的一线教师应该知道,他们不仅是教书育人的执行者,他们更是国家强大民族振兴的承担者。这是所有智力正常良知没灭的人都能理解的道理。我更相信,站在国家和民族的角度上从事教育展望教育的人,眼光一定远大,胸怀一定宽广,品味一定高尚,行事一定坚实。我也深信,与这样的人切磋教育,是一份荣幸,一种享受。

　　我的又一心愿是还债。而立之后的我,对教育似有感知,但既零碎又肤浅。不惑过后的我,能从理论和实践的结合上说明一些问题,解决一些问题。校内外,市内外,甚至省内外都曾不止一次地听到我的声音,看到我的见解和建议。及至今天,在基础教育的校园里,在家庭教育的舞台上,还能有我忙碌的身影,还能听到我对教育事业的发声,成就感未必强烈,幸福感却很真切,补偿和还愿的感觉更是真实又具体。对教育事业曾经的亏欠,终于有了补偿的机会,内心的平衡与轻松也是很让人愉快的事。

　　正是对于后来者的愿望,也是对于自己的尽责,终于有勇气提起笔来,将我对班主任工作的认知、感悟等多种心得体会进行梳理,加上思考和归纳,最后成册,以供年轻的同行们工作中参考。

　　对于宾客的招待,主人的热情再高,不等于奉上饭菜茶水都让人可口。一线的年轻同行们,面对教育教学的双重责任,面对经济社会的快速发展,面对基础教育改革的呼声此起彼伏,面对学生和家长的要求与期待日益多元且强烈,他们的负担是沉重而迫切的,他们需要的帮助和借鉴也是多样且紧迫的。

　　我能胜任他们的燃眉之需吗? 难! 我能冷眼旁观吗? 心有不甘。捧不出山珍海味,就端些粗茶淡饭;不能供人欣赏,也能供人参考,大众消费,营养不缺。这样就好备料和配料了。

　　《班主任工作的价值与实践》,从微观到宏观,从横向到纵向,从眼前到将来,三个角度,一个道理;班主任工作,虽平凡,有担当;干的是事务,汇聚的是事业;鲜花和掌声不在领奖台上,却在众多学生和家长的心里;心血和汗水不在功劳簿上,却在浩浩荡荡的人才大军之中。如此价值的岗位,不只是让人动心和热心的,只要不是急功近利,完全可以付出诚心脚踏实地去担当的。

《教育效果的若干制约因素》《学会评价　教会成长》是在介绍一些教育心得,提供一些教育做法,以便参考。不存在硬性规定,也不是简单对号。

《引导常规学习的基本思路》几乎是对日常学习和考试基本程序的复制。但在基础教育的阶段上,在青少年成长过程中,它们是绕不开的必经程序。其间孩子们的道德培养,意志磨炼,思维训练,心理调节,情操格调等,都必须达到相应的程度或高度。非如此,他们完成不了出色的学业,实现不了深造的梦想。因此,这是个有血有肉的过程,这是个身心并长德才共进的过程。把他们当成知识的盛装口袋和考试机器,都不是真正的教育,都是对教育宗旨的违背。学习和考试过程的每一个环节,都是人在参与,人的思想、情感、心态以及思维方法,都在制约或影响着每一环节的效果。如此看来,我们不是停留在多少环节上,必须深入关注的是每一环节中的客观要求在哪里,这些要求又怎样才能变成学生的自觉要求和主动行为。熟悉并驾驭了这些要求,这个班级就成了长势喜人丰产丰收的肥田沃土。班主任首先享受其中。

《考试评价与低级错误》是基于如下观察和思考。其一,见分不见人,见人不见心现象普遍存在。其二,惯性思维严重。其三,做法简单化、形式化。第四,两极分化到处可见。

考试过程中的成败得失,总有其具体原因和真实原因在,更有其根本原因在。这些客观存在的原因,容不得共性的说教,不允许简单的推测和结论,不需要多人一式的做法;必须且见效的做法,只能是沉下心来,深入解剖,直到见分见人,见人见心,再提出可行的有针对性的做法,对症下药的功效才是靠谱的。班主任向家长说明向任课老师建议向学生要求的,只能从这里开始。这是基本功,必修课。尤其要强调的是对低级错误的认知与处理。这是具有大局意义,战略意义,甚至全局意义的事。因为,低级错误的最大减少,一定会换来综合素质的全面提升。

《潜能大释放的个案回顾》,想表达的主要意思有:第一,人的潜能是巨大的,永远不要以现成的结果尤其是较差的结果,妄下否定或悲观的结论。因为妄下定论而影响了孩子的健康成长,这种遗憾是终生的,也是不会被原谅的。第二,巨大潜能的引发是有条件的,但首要条件不是什么方法和技巧,而是信念。一个连潜能都不相信的人,只能就事论事地不关痛痒地空发几句议论而已。第三,开发潜能具有阶段性。不同年级,同一年级的不同阶段,同一阶段的不同方面,都有各自的特点和要求,都应有相应的做法和程序。没有冷静的观察和理性的判断,即兴发挥,随意下令,都有可能把事情做错做反。总之,开发潜能的最高原则是一切从实际出发,不是从定义出发,更不能从想当然出发,从偏见或主观好恶出发。

《与家长的交流与沟通》决不打算讨论什么语言艺术和技巧,善意提醒的是:第一,平等尊重的原则要贯穿在所有的交流与沟通中,尤其是名校的班主任面对那些普通学生的普通家长时。还有,所有学校的班主任面对那些成绩差表现差的学生的普通家长时,稍不留神,就会表现出居高临下、盛气凌人的态度来。这是伤人自尊的事,也是有损自己修养的事,所以是永远必须防止的。第二,要像纠正上课满堂灌那样坚决克服一言堂、一边倒现象。文化程度不高的家长,出于谦卑,在老师面前多数不轻易发言;城府较深的家长,一般不抢着发言,也不习惯开头就发言;新生年级的家长,对学校环境生疏,对老师对其他家长都陌生,开头会有短暂的集体沉默,本不为怪。问题在于,上述种种情况,任何时候都不能成为老师包场发言、专场发言的理由或借口。多数家长不以教育为职业,但孩子在家里的种种具体又真实的表现,是只有家长才能完整准确地提供给老师的,更何况,关于教育的真知灼见,在家长群体中,拥有的、掌握的、甚至驾轻就熟的,向来不乏其人。第三,有质量有分量的交流与沟通,全在不断充实和提高自己。没有人生而知之,未卜先知。教育教学规律的发现与运用全在勤奋与执着之中,教育见解的表达与宣导,全在有心磨炼诚心思考之中。泛泛地议论,空洞地说教无论在学生面前,还是在家长面前,充其量是一支让人困乏的催眠曲。没有认真准备的发言非要拿来应付,家长不会买账。班主任应该懂得,提升自己不易,损毁自己是很容易的事。总之,与各类型的家长畅通无阻地交流与沟通,应该是班主任重要的基本功之一。平等尊重,民主交流,有质量交流当是首要的基本功。

关于《毕业班班主任工作的设计与实施》是想告诉年轻的班主任如下一些体会。首先,它是教育阶段的成果体现,也是班主任工作的集中评估与考核。这是接手毕业班工作伊始就该有的心理准备和行为准备。第二,教学质量是毕业班工作最直接最敏感的话题。问题的根本永远在于,所有的教学质量永远只能是以人为本的教学质量,以强国富民为目标的教学质量。脱离人品,不关心人,漠视人情,天天围着分数转,永远转不出高质量。第三,创新人才的发现与培养,已经历史地落到基础教育的头上,始终站在基础教育第一线的班主任老师,永远是任重道远的。这份责任与担当,与急功近利者无缘,和怕苦畏难者无干。崇高的伯乐精神,超凡的智慧眼光,应该是发现和培养创新人才的首要条件。第四,毕业班工作的品味与风格问题,在很大程度上比单纯的教学质量更有价值,更有说服力和影响力。牺牲健康为代价,违背教育规律抓考分,终究要走向尽头,基础教育的改革总要找到突破口。身为教学一线的班主任老师,应该为基础教育的改革与发展欢欣鼓舞,尽心尽力。

关于班主任工作的心得与体会,我们经历的,我们感受和思考的,也只是些皮毛或碎片。班主任工作的最高价值在育人,育身心健康之人,育德才兼备之人。这份责任是神圣的,这份担当是光荣豪迈的,相信年轻的同行们,一定会走出急功近利,走出事务主义,走出狭隘偏见,在民族复兴的伟大事业中,在亿万家长的期待中,在自身价值的展现中,用自己的热血和智慧,用自己的青春和汗水,谱写出一支又一支光荣豪迈的育人之歌来。

　　本书在撰写过程中得到过清河中学孙勇、李凌云、李善中、李文军四位老师的热情审稿、仔细校对和许多有价值的补充,得到过各位校长的一再鼓励和支持,谨致衷心谢意!全书定稿时,又蒙李凌云、葛志锦、黄昌前、陈明、梁建洲、王君野、王卫丽、胡曼玉等各位老师最终校对付印,一并致谢。

2015年5月18日

目　录

内容提要

班主任作为学校教育中的骨干力量,其地位和作用任何人都不可稍有轻视。

班主任是班集体的组织者和管理者,是学生全面成长、个性发展的指导者和引路人。

班主任工作对学生的影响非常深远,其价值取向甚至影响学生的一生。

成熟的班主任常以坚定的信念,执着的行动,质朴的语言,生动而深刻地诠释着高贵心灵的内涵。

第一章 班主任工作的价值及实践

对于一所学校而言,班级是它的最小单位,是它的细胞。一定程度上,班级又是一所学校的窗口。社会对学校的评价,总是通过具体学生在校内外的表现做出的。这种评价由零星到汇总,由一时到长期,如果是正面的,就会给学校带来无价的美誉,成为学校无形的招牌,无声的宣传;若是反面的,则是伤及元气的刺痛。而学生的表现如何,很大程度上是由班主任工作决定的,因此重视班主任队伍建设,是任何学校都不能忽视的常规工作。

对于成长中的青少年而言,班主任充当着他们精神世界的守护神和引路人的双重角色。近看眼前,远看终生,青少年成长中的每一个脚印,都会留下班主任含辛茹苦和聪明才智的印记。凡是担任班主任工作的老师,都应该从这个最平凡的岗位想到最神圣的责任。

对班主任本身而言,他们所经受的始终是第一线的、最直接最具体的磨炼和锻炼,他们的教育教学能力正是在这个过程中水到渠成的,伴随着学生的成长而水涨船高。在这个极其平凡的岗位上,走出了多少优秀教师,成就了多少优秀教育干部,这都是有目共睹的。

我们讨论班主任工作意义的最终目的,是要推动班主任队伍建设,是要不断提高班主任的工作能力和工作水平。

第一节　班主任自身素质的基本要求

班主任的工作对象始终是人,永远是人。首先是充满生机和活力的学生,是天真幼稚充满好奇的学生,是来自社会各个阶层的品学各异的学生;其次是不同个性的各类家长;最后是自己的同事和上司。

我们要集中讨论、深入思考的当然必须从学生群体出发,因此,班主任的基本素质就必须包括:

一、庄重的人品素质

遵纪守法是起码的底线,也是凝聚人心,感召别人的无声力量,朴素大方应是常态的表现,真诚热情、严肃认真、勤奋严谨是应有的职业素养,这是身教重于言教的必然要求。

二、公认的业务素质

所谓公认,就是学生认可,同行认可,主管部门认可。业务素质的衡量标准,绝不只是一桶水和一碗水之间的数量关系,更表现在能把自己的一桶水适时又准确地浇灌到每一棵"秧苗"的根部,促使他们健康成长,茁壮成长。班主任的业务素质主要表现在教学的基本功上。

这个基本功可以集中表达为"深入浅出"。深入浅出的最大能耐又叫最好功效应该是:化抽象为具体,理弯道为直径,变遥远在眼前。业务素质高的老师在教学中表现出的是驾轻就熟、举重若轻。平铺直叙的教学过程让人疲劳乏味;花拳绣腿的作秀教学,只图一时热闹,难有长远之效。以其昏昏的教学必定是误人子弟。公认的业务素质是立足之本,杰出的业务素质既是终身追求的目标,也是当好班主任的雄厚资本。教学和教育始终是相得益彰的。

三、必要的文化素质

班主任对于学生的教育工作,说到底,就是疏导人,最终让人转化,让人提升。传道授业解惑都离不开文化。

中国的传统文化,博大精深,我们很难要求所有人都能精通。从教育工作者的职责与特点考虑,传统文化中的经典,我们总要勇于坚守并且身体力行。例如修身养性,勤俭朴素,谦虚谨慎,与人为善,孝道与感恩,公平与正义,诚实与守信,礼让与包容,正直与勇敢等等,这些品行文化历久弥坚,彰显着厚德载物之道,滋养着炎黄子孙的不朽精神。这也正是传统经典文化的魅力所在。仁、义、礼、智、信,温、良、恭、俭、让,传统文化离我们从不遥远,只要我们自己不去疏远。

有一种现象很值得思考,在学校教育没有兴起并普及之前,门类齐全的大专院校和各种类型的科研院所更是无从谈起。有趣的是那时产生了一大批杰出的思想家、教育家、科学家、医学家、军事家、发明家等等,并且都是闻名于世,甚至名垂青史。当时的社会没有我们今天那么多的教育概念,更没有那么多的管理部门和官员队伍,人才,真才实学的人才,德才双馨的人才,流芳百世的人才,是怎么造就出来的呢？是文化，博大精深的经典文化，光辉灿烂的经典文化力量。正是这些经典文化，从人的启蒙教育开始，从人的修身养性开始，从人的责任和担当开始，始终围绕人的品行成长，智力成长，反复浸润，长期滋养，最终养成了健全的人格，坦荡的胸怀，不屈的精神，质朴的作风。这就是灵魂的洗礼，或者叫精神升华。这也是潜能积聚的源泉，更是才智迸发的动力。

一个鲜明的对比是，古人没有那么多面面俱到的课程可开发，没有那么多盗版的习题可做。然而，他们在某些领域的成就，至今还在造福后人。

文化素质，在很大程度上反映并决定人的精神素质。身为人师，永远不要忽视自身文化素质的提高，不要忘记对学生的精神感召。纪律可以管束看得见的行为，处罚可以惩戒一时的过错，内心的感悟和精神的提升，只有通过文化的滋养和浸润。所以，提高自身文化素质，班主任责无旁贷。身为教师的班主任，如果身边经常走出有文凭没文化的学生，应该是一件倍感耻辱的事。

第二节　班主任日常教育工作的基本功

班主任日常工作看上去千头万绪，稍加梳理，似乎只有两条线：看得见的纪律秩序、环境卫生和作业质量，看不见的思想脉搏和内心活动。至于学校各职能部门传达和布置的各项事宜，基本都是围绕这两条线展开的。有心的班主任将这两条线上的工作做到位了，就一定是忙而有序的,忙而有效的。再进一步,还会是忙而有悟的。有悟,是享受班主任工作的开始,是举重若轻工作能力的体现。有悟,才会有经验的提升。

有心的班主任,一定是从基本功开始的。这个基本功可以概括为:发现、思考和表达。

发现的基本途径是看和听。看,是察看;听,是倾听。

很显然,看得见的行为表现和行为结果与看不见的思想脉搏和内心活动是互为表里的,是密切相关的,有什么样的外在表现,就会有什么样的内心驱使。无缘无故的外在表现,不论是简单表现还是复杂表现,都是不存在的。因此,对美好行为的欣赏和肯定能从思想深处找到根;对不良行为的评判和矫正必须从内心世界发现本,这才是完整又深入的教育,这才是肯定和矫正都能有所提升的教育。教育能触及学生的内心而使学生获得提升,才是有效的、让学生受益终生的教育。就事论事地说一声"好",或"不对""不行""不准",都是在说教,都是在喊口令,算不上真正的教育。

前面我们讲的是以看为主的发现、思考和表达,再来看以听为主的发现、思考和表达。

听什么? 听不同的发声,以求全面;听真实的声音,以减少误判;还要听无声的沉默。沉默背后很可能有着更需要倾听的声音。例如失亲之后的悲伤,父母离异之后的纠结,人际关系的紧张,学习困难超出自己能力的无奈,受到委屈之后的烦闷等等。这种种境遇在一定时间和空间内都可能让他们变得沉默,变得很少发出声音。这种情况下学生最需要的就是难能可贵的雪中送炭,这就全靠班主任的主动精神和化解能力了。

看和听的基本功又在哪里?

看要看准,听要听真。没看准的,不可急于表达;没听真的,不能简单结论。不少小题大做的事往往出自主观判断的失当,结果只能是有功无效,甚至无功无效。

看准听真之后,思考判断的重要性就突显出来了,因为它要定性。这和司法过程中的量刑定性具有相同的意义。定性过头,让人委屈;定性不切中要害,则无关痛痒,达不到有效教育的目的。

最后一环是表达,即使观察判断皆无失当之处,怎样表达得恰如其分,同样需要仔细拿捏一番。

一位学业一直优秀的初三女生,中考前两个多月测试成绩一反常态,向下波动很大。学校老师没发现行为上的任何异常表现,只能在惋惜中等待。

有心的妈妈终于在孩子的电子词典里发现了电子小说,那是孩子读过的玄幻小说。

事实清楚,孩子认错。家长在发现和判断上用心良苦,可是在表达上过了头。一怒之下动手打了孩子,接着放出狠话,再考不好干脆背书包回家……孩子怕了,也气了,别扭了好几天才在老师的调停之下,母女重归于好,孩子逐渐恢复常态,成绩也逐步恢复。

家长的动机不必讨论,家长的用心够细够实够诚了,表达时却缺了理智的掌控,居然大打出手,狠话连篇。好在没酿成大错。其实,教育过程的每一环节都是有章有法有量有度的,在分寸或火候上稍有疏忽,都会影响教育效果的实现。

如此看来,班主任日常教育工作的基本功可以换一个方式来说明,那就是,发现要主动及时,判断要真实准确,表达要恰到好处。歌德有一句话很适合用在这一环节上,这就是共鸣效应。教育要让人激动,实属不易;要让人触动,也不是一日之功。然而只要诚心去做,谁都可以获得成功。

大家可以回顾一下,在自己的教育生涯中,收获感动、收获成功的概率到底有多高。

第三节　班主任管理能力的基本功

管理,顾名思义,就是管得住,理得清。因此,管理能力的基本功就应该是大局面不能乱,小细节不能疏;就应该是整体秩序井然,个体生机勃勃:就应该是镇定自若,举重若轻,而不是疲于奔命到处救火。

这样的能力如何展现?

第一,抓开头,先埋头。

抓好开头的关键是要先埋下头来,埋头的目的是要了解学生,熟悉学生,了解他们的个性和优缺点,熟悉他们的爱好和特长。在此基础上组建或调整学生干部,宣布最基本的规章制度。

先埋头的直接目的是观察学生,间接目的是让学生观察你,适应你,自觉服从你。因为你在了解学生以后提出的要求,已经有了广泛的群众基础。

与此相反的做法是急于表态,急于宣布这不准那不行。这种事务主义的工作风格切忌出现在全局的开始,因为它常常是乱局的基础。

第二,抓学习,重规范。

不论基础教育改革发展到哪一步,知识的积累、能力的形成都是永远不能被轻视被忽视一分一毫的。借口应试教育打压知识学习,借口素质教育削弱基础知识,都是片面而且错误的。在基础教育阶段,理直气壮地抓学习,光明正大地管学习,是教师的使命,班主任责无旁贷。

抓学习的意义在于,学习能力是各种能力的基础,不具备起码的学习能力而指望未来能成为专业人才,是不切实际的空想。有人借口学历不高的人照样能干一番事业,因而不重视文化知识的学习甚至鄙薄知识学习,这是应该警惕的。特定年代特定行业内确实有过不少学历不高能力不低的特例,但这绝不是轻视知识学习的借口,因为学历和能力本来就不是完全等同的。更何况,学历不高的人很可能是因为学习机会的缺失,不代表学习能力的缺失。

抓学习绝不只是抓几个高分学生,也不只是靠延长学习时间狂做多少习题就能奏效的。抓规范、抓兴趣、抓潜能、抓方法、抓典型,这是抓学习的常规之道,这是事半功倍之道,空抓和乱抓是很难见效的。这些内容我们在相关篇章里已有较为详细的介绍,这里不再重复。

第三,抓平时,不松动。

学生在课堂上凝神的程度会在作业质量和考试结果

上反映出来。书面作业规范的程度不单反映在作业本上，更多地反映在日常的言谈举止中；学生群体中人际关系的亲疏远近常常反映在课间休息和上学放学的聚合离散上。学生的基本责任心是否具备，看看他们扫地擦黑板到位的程度，就可以心中有数。考试结果与平时学习有无反差，反差多大，就在告诉你平时功夫的成效有多大，考试心理的健康程度在什么水平上……

总之，平时班级生活的每一环节，都体现在学生表现上，而表现皆会有因果。我们工作的主动性、科学性和有效性，正是在那些因果联系中及时发现的，准确判断，正确处理，既不盲动，也不松动。如此日积月累，成效就在其中。

第四，抓典型，细解剖

凡典型，必有代表性，也有普遍性。典型的发现和解剖，应该是管理工作的深入与提升，也是班主任综合能力的集中表达与展示。

以考试评价为例，其典型就非常突出。因为这件事关系到每一个学生和家长，代表性和普遍性不言而喻。

为了详细解剖好这件事，班主任要明白卷面分、水平分和潜在分三者之间的相互关系与区别。接着就要说明卷面分多数小于水平分的各种表现，找出各种表现背后的真实原因、具体原因。在此基础上给这些差距确定性质。接着论证性质，即多数差距都属于非能力差距，因此得出初步结论。承认差距是勇气的表现：差距既非能力不济也非态度不恭，这就为缩小差距准备了自信的根据和自觉的理由。最后再结合造成差距的原因,提出缩小差距的努力方向。这样的解剖真实、具体,所以可信度和说服力都很强。(详见《学会评价,教会成长》和《关于低级错误的来龙去脉》两篇)

如果主题是法制教育,则可在青少年犯罪的个案中选择典型案例,然后让学生讨论其成长环境是如何一步一步酿成犯罪的过程和结果的。这样的解剖,老师的点评要及时准确,让学生有身临其境之感,有感同身受之效,进而自然认识到有防微杜渐之需,有"勿以恶小而为之"之戒。

按照国内外社会经济形势的发展变化,法制教育、安全教育大有强化的理由,没有淡化的借口。要让形式更生动些,内容再深刻些,点评更精辟些,感召力更强烈和持久些,这些应该成为学校的必修课、常修课。

管理能力的基本功,是当代世界普遍关注的一个话题,早已涉及社会生活的各个领域和众多行业部门。向管理要效益要质量,是20世纪80年代就流行于广大生产经营单位的口号和标语。30年过去了,基础教育领域内管理能力的基本功要求又有多少变化和发展,成熟的管理模式又有多少,我们无从评价,但管理能力的提升是无止境的,这正是我们有所作为的空间所在,也是年轻人健康成长,丰满成长的舞台所在,相信大家懂得珍惜时代赋予我们的机遇。

内容提要

教育的科学性与艺术性最终如何展现，在教育效果的制约因素方面，是应该有所讲究的。

山重水复疑无路，柳暗花明又一村。我们需要了解制约教育效果的因素，以科学的方法解决学生成长的难题，这是教师和家长走出教育困境的需要，更是学生走向成功的需要。

第二章 教育效果的若干制约因素

名医的高明之处在于对症下药,对症下药的高超之处在于对病人病情的真正了解和对药物药性的充分把握。教育和医道有许多相似之处。

教育效果为什么有好有差?有的甚至越教越差?教育怎样才能药到病除?怎样才能少用药不用药也能奏效?这就要深入讨论影响教育效果的若干制约因素。

第一节 教育方式的制约作用

常见的教育方式有:庄重权威式、平等尊重式、亲情规劝式、大度包容式、轻松幽默式、设身处地式、情感疏导式等。

庄重权威的教育方式,适合用于提出或宣布必须做到的要求,适合用于对集体活动执行相关纪律的要求,适合用于对特定场合相关要求的宣布与强调,适合用于对长远利害关系的分析与引导。

既然是庄重权威的教育方式,语气就应该偏重,语速就应该稍慢,语调就应该深沉。有人借口应该与学生打成一片或者应该对学生平等尊重,该严肃的事情要么轻描淡写,要么有要求不检查。好多纪律上的漏洞、行为上的散漫就这么一茬一茬地被留下来了。君不见,松散无序的班集体,自由散漫的个别人……是什么原因造成的? 即使行为散漫的学生也都曾受过纪律和文明礼貌教育,行为上为什么还那么松垮拖拉? 学生自身原因肯定是主要的,但老师和家长就能一点责任没有吗? 当严不严的教育,直接制约教育效果的好坏。庄重,以严肃的态度示人,以严格的标准要求人,以严谨的作风训练人,威严的效应就在于此。

平等尊重的教育方式,通常用于了解情况和征求意见,用于正面引导某些行为倾向,例如教育学生文明礼貌,勤俭朴素,乐于助人等,皆可运用这种方式。与此相反的是声色俱厉、居高临下、盛气凌人的教育方式。这种粗暴的教育行为让学生表面上看起来毕恭毕敬,其实孩子的内心是很有抵触或反感的,因为这样做首先损害的是人的尊严。

亲情规劝式的教育方式,多数情况下是用来调节不太和谐的人际关系,例如同学关系、师生关系以及家庭亲情关系等。这类关系既不表现为激烈的冲突,也不是根本的利害冲突,往往是由性格差异所致。因此,是非界限很难界定,所以只能用亲情规劝的方式去化解分歧,弥合距离。一些既非故意更非恶意的不太文明的谈吐举止,也可以用这种方式去教育引导。

大度包容式的教育,最适合的就是虽已犯有某种过失或过错,但能诚恳认识过错的那些人,还有就是纯属偶犯、程度较轻又能自己纠正的那些人。与此相反的做法多表现为斤斤计较，小题大做，得理不饶人。这是修养问题，需要在日常工作、生活中自觉修炼，有意提升自身修养。

轻松幽默式的教育方式，适宜用于对美中不足言行的点评与提醒，设身处地对那些身处困境者进行疏导与化解。

情感疏导式的教育方式，适宜用于对那些因为情感障碍影响学业或者正常生活的人的理性分析和客观评价，以促其消除狭隘，走出误判。

教育方式的选择和使用，直接关系到教育动机和教育效果的统一，只讲动机不讲效果的教育方式是不能被提倡和采用的。

第二节　教育时机的制约作用

成年人在被提拔后不久，往往比较谦虚，发了财的人往往比较大方。这都可以叫作成功效应。人在获得成功以后，不但有了内心的满足，而且外界的肯定评价、赏识赞美还会激起新的追求和向往，这就是正能量效应。运用这个原理，在你的学生取得某些成功时，善意地指出某些惯性缺点，并且提出一些明确的要求，收到的效果会比较好。因为此时此刻他们的内心不但充满喜悦，而且充满自信，对善意的要求容易认可，乐意改正。在他（她）看来，这样的要求是为了锦上添花，绝不是有意为难或者随意说教而已。

一些常规的学习要求,例如,主动预习,凝神听课,规范作业等,应该在开学之初,尤其在起始年级的开学之初,就应该严肃而明确地做出要求,并且反复检查数日,直至大多数人符合要求,即这些要求成了全班的自觉习惯。

个别人身上的一些意外事件,例如交通事故、饮食安全、水电安全等,损害的虽是当事人自己,教训却是大家都应该吸取的。出现这种情况,班主任不妨及时组织专题讨论,引导大家深入分析来龙去脉,明确具体防范措施。这种教育就抓准了时机,相对于泛泛而谈的一般号召,相对于事后的就事论事或者长吁短叹,效果是大不相同的。

教育时机问题,其实就是教育火候的把握问题,该及时的一定要及时,该准时的一定要准时,该延时的一定要延时。如果时机把握不好,就会影响教育效果的好坏。

第三节　教育内容的选择与运用

所谓教育内容的选择与运用,就是教育材料的选择与表达。材料适当又生动,表达明白且准确,效果当然会好;材料离当事人的认识水平太远,难免对牛弹琴;与当事人的实际问题不太符合,难免牵强附会。至于表达是否恰当和准确,同样会制约教育效果,这是不言而喻的。有些学生抱怨个别老师在某些问题上越讲越让人糊涂,很可能就是表达能力需要提高的问题。

教育内容的选择一般应遵循如下几个原则:

第一,一致性原则,也叫吻合性原则。即所选内容应该和当事人需要疏导的问题相吻合。例如,当事人在学习上一度失去自信,所选内容就必须是怎样重拾信心,条件何在,做法何在,实例何在等等。只要依据可靠,条件可见,做法可行,实例可证,当事人就会重拾信心,自信行为就会逐步跟进。

具体分析和真实事例,我们在《学会评价,教会成长》和《减少低级错误》等有关段落中多有表述,这里不再重复。

第二,量力性原则,也叫对应性原则。即所选内容要适合当事人的认知程度、接受程度,以便产生积极回应和正面效果。例如,同样是解决自信问题,不同年级的学生,同一年级不同知识基础的学生,同一基础不同性格的学生,所选内容、所选择的表达方式,都应有所不同,有所区别。这样才能有呼有应,有应才是有效的开始。

第三,时效性原则,也叫适时性原则。即所选内容应该尽量贴近学生现时的认知和感受,如果离他们的认知和感受太远,就很难触动他们的内心,也就难见教育效果。

第四,先行性原则,也叫榜样原则。生活中常见的现象是,三天两头喝得酩酊大醉的家长严厉要求孩子潜心读书,而实际效果可能是引起反感;老师在板书的时候连基本规范都没做到,却要求学生书写工整,表达严谨,这是很难理直气壮、底气十足的。

需要说明的是,常有些家长和老师会把榜样和示范这两个概念混同起来,因此有意无意地放松对自己的要求,进而忽视对孩子或者学生的要求。

其实,榜样的力量在于精神的感召;示范,是对具体行为的指导。勤劳俭朴的家长身边不易走出贪图享受、好逸恶劳的孩子,平凡普通的家庭走出许多品学出众的孩子,学历一般天资一般的班主任身边出现过不少优秀群体,都只能从感召力这个角度做出解释,才是比较恰当的。因此,先行性或榜样性原则既不要求班主任是全能的老师,也不要求凡事都要做出示范,但是,只要对学生有要求,自己必须高标准地做到位,这是没有疑问的。

第四节　教育场所的选择与变通

民间曾有"父打子不羞"的说法,这句话的本意是说,儿子有了过错受到父亲的责罚本来就是应该的,儿子不应计较父亲的责罚,也不必因为受到责罚就有蒙羞之感。但是,站在现代教育的角度,站在人格心理的角度,站在教育效果的角度,这句话就不能简单地套用。

现实生活中,因为只讲动机不讲效果已经造成了许多家庭教育和学校教育的恶果,出现过好多孩子有令不行、有禁不止、阳奉阴违甚至当面抵触等不正常现象。究其责任,很难全都怪到未成年人头上,更难用动机美好论原谅一切,遮掩一切。这种不如愿的教育结果,和我们前面讲到的教育方式、教育动机、教育内容等几个制约因素都有关系,和教育场所的选择与变通,同样有着直接或间接的联系。

一位送考的家长,就在考点学校大门外的人群之中,还不厌其烦地将孩子平时考试失误的种种表现不遗余力地描述出来,以示提醒。且不论动机如何,这样的场所,这样的背景,这样的内容,能有真正的教育效果吗？恐怕只能适得其反。

一个冬天的早晨,一个教室外的走廊里,一位平时表现很好的学生,因为早读课迟到一分钟,被巡查的班主任老师教训了近半个小时。因为教室里不时有人张望,这位被训的学生感到无地自容。老师却视而不见,赌气似地任意发挥了那么长时间。这样的小事,即使需要从严教育,但不考虑具体场所,不能适当地变通一下场所,能有你所希望的教育效果吗？

第五节　教育理由的确认与实施

所谓教育理由,就是要不要教育、该不该教育以及该怎样教育的问题。现实生活中,无论是学校教育、家庭教育还是社会教育,事与愿违的现象太多,劳而无功的事更不少见。究其原因,教育理由不够恰当、不够充分甚至不存在任何理由的情况是主要原因。因此,教育理由的确认,教育分寸的把握,教育方式的选择和运用,制约教育效果各种因素的预防与排除,就显得至关重要。

一个整体学业优秀的学生,因为个别学科的不尽如人意,被当成态度不恭或骄傲自满来教育,始终不见起色,显然是误判了教育理由;一个整体学业平平的学生,有着良好的基础,还有严肃认真的态度,被当成智力欠佳来教育,应有的潜能长期不能释放,学业水平当然无从提高;一些正常交往的男女学生,因为某些分寸不当,被当成早恋来教育,效果常常相反……

因为教育理由不当,教育分寸不准,使得教育效果不够明显甚至相反的情况时有发生。我们如何减少和避免呢?

首先,不可偏听偏信。

身为班主任,任课老师、学生干部以及家长经常会反映一些学生的言行表现,这是正常现象,也是班主任了解情况,研判教育的常规渠道。问题在于,耳听为虚的道理必须时刻铭记。听来的事情,常常带有主观色彩、感情色彩,难免蒙上一些片面不实的因素,没有一番由表及里、由此及彼、去伪存真地分析判断,见风就是雨,马上就下结论,很可能小事被放大,轻事被重批。青少年中常见的抵触、反感,多数都是不恰当的教育造成的,未必全是他们有意对抗、存心为难。

其次,不该小题大做。

小题大做有多种表现。一是在程度和性质上夸大扩大,二是在场所和范围上不适当,三是在频率和节奏上加大。

一次偶然的迟到被心情不好的老师声色俱厉地责问成"怎么老是迟到"? 见到女生搭男生的电动车往返两次,还有说有笑,老师内心存疑就算了,居然要家长注意观察,劝阻他们早恋。事实是女孩的自行车送修,两次搭了同一男生的车。程度夸大性质定错的结果,不再是有无教育效果的问题,而是起了反作用。委屈的心灵,是很难接受任何教育要求的,于是就有了抵触、反感甚至对立。

同样,在范围上扩大、频率上加大的教育效果也都是事与愿违的情况多,不管你的动机是怎样正确,如何美好。因为,任何自尊心尚存的人,总不希望自己的缺点在不该扩大的范围内传播,在不必重复的情况下被频繁地数落。凡是这样做的老师和家长都应该严肃理性地领悟到:任何伤害心灵的教育都是必须被抛弃、被禁止的。

偏听偏信、小题大做是教育理由不当的诱因,后果当然是不言自明的。问题在于,偏听偏信、小题大做的根源又在哪里呢?

在于主观唯心主义的思维方法,在于急功近利的工作作风,在于人文精神的疏离,在于自我修炼的欠缺。

主观唯心主义的思维方法,会把现象当本质,会视片面为全面,会由一点而及其余。

急功近利的思想作风,只求结果,不讲过程;只考虑目标,不考虑方法;只图快速成功,忘了循序渐进。

人文精神一旦疏离,以人为本的教育思想和教育宗旨就会被扭曲,教育过程就变得机械刻板,教育手段就变得粗俗简单,教育结果就显得苍白乏力。一些曾经的高才生,在名牌大学的校园内外做出了让许多让人瞠目的极端事情,正是人文精神疏离的教育结果。教育既是科学又是艺术,绝不是单一的技术。

自我修炼的欠缺,也是偏听偏信、小题大做的原因之一,道理是十分清楚的。问题在于教育者必须首先受教育这一法则是否深入我们的内心。教无止境,不仅要求教师的业务水平不断提高,更强调育人之道有所创新。

因此,学习教育理论,在实践中学习,向同事学习,应该是每一位教师都应该长期坚持的事;经常反省,勤于思考,勇于纠正,应该是我们的内养之功。拒绝学习、懒于自省的借口随时可以找到,经验主义也可以对付许多日常工作,最终做何选择,决策自在个人自己。

关于教育效果的制约因素,我们在做了上述罗列之后,便会发现,制约因素只要处理得当,就是教育效果的促进因素;相反,只能事与愿违。

需要说明的是,制约教育效果的因素绝不止这些。在实际工作中,我们还应该有所发现。教育对象永远是鲜活的生命体,是有思想、有感情、有个性的生命体。对他们的教育,一旦陷于呆板、生硬和机械,就一定有说教之嫌。说教是最省事的教育,也是最苍白乏力的教育,因为它不可能进入人的内心,也就不可能有真正的共鸣,不可能有真正的效果。

教育者,必先受教育,这是公认的常理。问题在于,教育者受教育的根本途径又在哪里呢?在自我教育。脱产或离岗培训,难之又难,专家培训,少之又少。唯有每天都在进行的教育实践,才是一棵常青树,一口深水井。站在常青树下找阴凉,站在深水井边喊口渴,怨不得树影太吝啬,怪不得水井不慷慨。向实践学习的机会太多,但在实践中思考却太少,这应该是普遍的教训。

有人这样评价,理论是灰色的,因为在它没有被正确地用于指导实践时,它不过是尘封的书籍或文章,其价值无法得到体现;而实践是绿色的,同时又是有规律可循的。我们所要做的,不是凭空想象和闭门造车,而是自觉主动地做一个有心人,反复深入地去观察一类人一类事,三天两天没感觉是正常的,十天半月有感觉不能升华也不奇怪。但只要坚持下去,事情的来龙去脉就会慢慢浮现,从现象到本质的规律也会渐渐掌握。这就特别要求每个人在实践中,不要急功近利,不要轻言放弃,更不要怀疑自己的能力和智力。

是真金,总会发光;是鲜花,总要怒放;是真诚,总会守到风吹云散,直至见到明媚的阳光。

内容提要

有立场的评价教人知是非,让人懂分寸,帮人明因果。

有温度的评价让人在挫败中感受阳光,在失落中免受孤独,在逆境中不忘上进。

有方向的评价打开的是心扉,擦亮的是双眼,指明的是道路。

第三章　学会评价　教会成长

第一节　教育方式再思考

"棒打出孝子,惯养不成人",这是中国民间早已信奉并流传的教育方式。20世纪90年代前后,经过各种媒体的强力推介,赏识教育一时传遍城乡。"你真棒!""好能干,好漂亮"之类的溢美之词,随处可见,随时可闻。也是这个时期,淮安本地走出一种野营拉练式军训化教育,媒体也数次跟进,不过却不知下文如何。紧接着,虎妈狼爸式教育被报道和讨论得也不乏热情和好奇。

时代到了今天,平等意识普及城乡,城市家庭的孩子也多为独生子女,不要说"棒打",就是"指弹"也成为罕见。同样,赏识式,拉练式,虎妈狼爸式,也只是见仁见智的多种教育方式的并存和尝试而已,很难一成不变,更难包打天下。

评价教育作为一种教育方式被思考和尝试,经历了以下的思辨过程。

第一,是综合功效的被发现。

而立之前的年轻气盛,加上班主任的合法身份,在周而复始的日常工作中,似乎每天都有要教育的人和事。不说几句狠话,不当众发挥一番,好像那一天就没在工作一样,甚至觉得这一天就没尽到责任。

伴随这种幼稚心态和简单思维出现的工作结果是,多数人表现沉默,少数人情绪抵触。解铃当需系铃人。

发现几个做作业工整的人,又见到几个值日生卫生搞得很干净,总有机会表扬他们了,而且还很严肃认真,然而事后的反响如常。学生软硬不吃的表现告诉自己,走出困境的做法不是非彼即此那么简单。

一个偶然的课间,化学老师因为实验盒装载器具偏多,拎在手上明显不便,又要赶去另座教学楼上课,神情有点着急,脚步却不敢太快。对此我习以为常,我的一位学生却不加思索地快步跑到化学老师跟前,轻手接过实验盒,快速将多种器具理顺,小跑着帮老师送到下一个班级门口,快跑回到自己位置坐下。

无意中看到的这一幕,走出困境的强烈动机催我对这无意的瞬间做了有心的思考。

因为是有心的思考,我才发现善解人意乐于助人的主动精神,做事果断动作麻利的行为,还有遵守纪律的自觉,在这位同学的身上表现得自然、真实、可信、可贵。

第二天下午,我以《昨天发生的一件小事》为题,用了半个小时的班会课时间,对这件事做了简要的回忆,情真意切但朴实无华地做了虽简短但确切的评价。没有慷慨激昂的发挥,没有画蛇添足的点缀,效果却是出乎意料的好。

好几位老师惊奇地告诉我,那个做好事的同学课上改掉了爱插话的习惯,这几天安静多了。当我再和他们见面时,微笑代替沉默,悦纳代替抵触,和谐融洽的班级气氛扑面而来。更让我没有想到的是,有几个小调皮居然主动检讨过去做了哪些恶作剧……

经历了这件事情的我,似乎长大了不少,似乎成熟了许多。也有了以下比较深刻的感悟:

教育资格由身份确定,教育效果由教育水平确定;

教育水平除了读书,更要实践,更要有思考的实践,还要有放下身段反复坚持的实践。

简单地表扬和批评不失为一种教育方式,但有局限性。

和它们相比,评价教育显得有血有肉,有头有尾,有表有里,有情有义。

评价教育在我的内心有了一席之地,在我的教育观念里逐步生根发芽,枝渐繁,叶渐茂。

到了不惑之年及其以后,我敢当众嘲笑自己当年的教育方式的幼稚和天真,正是基于对评价教育的数十年积累,同时乐于向别人推介评价教育,也是基于实践过后所带来的颇丰的成果。

评价教育的本质特征是些什么呢?它是如何引发效果的呢?

评价教育取用的是当事人身上的"理"和"情",据事论理,理在眼前;就情论心,心真意切。所叙之事,所论之理,所达之情全在眼前,全在身边,真实感,亲切感自然浓郁,说服力不言而喻,感召力必在其中。

评价教育所叙之理所议之情,是对当事人精神境界的升华与肯定,是对好人好事的褒奖和宣扬,其扩散效应是无需动员和号召的。

评价教育的功效之所以具有综合性,全都在于它的可靠性、真实性和自然性。

第二,是持续功效的被坚守。

评价教育的功效之所以能够持续被坚守,因为当事人做出的行为不是出于简单的模仿,不是出于外部压力的勉强,同样不是出于好奇心的短暂冲动,而是出于自觉的认同。

评价教育的及时与肯定,论证与分析,不但让当事人知道是什么,更让他知道为什么,因此,被评价的具体的事可以结束,被启示的道理,被唤醒的心灵之光,是不会消失的。

第三,立体功效的被释放。

评价教育的立体功效既表现在纵向的持续与延伸上,又表现在横向的扩散和演化上,更为神奇的,能让当事人和周围的相关人从此步入品行成长的良性循环。

因为被及时又充分肯定的尊严感、荣誉感已经内化为向善之心,上进之心,这种内驱力的自然发生、自觉坚持,一定让人充满了源源不断的内在动力。

与此同时,当众展开的评价教育,客观上具备了舆论的力量。根据新闻学原理,在维护公平正义,维护稳定秩序,推动社会发展和进步的过程中,舆论的力量是决不可以低估或代替的。所以,评价教育所产生的舆论力量,客观上助推了教育功效的立体化。

回望我的教育生涯,无论是学生文化成绩的提升,还是考前心理紧张的疏导;无论是人际关系的化解,还是行为缺陷的矫正,甚至包括对高三学生选报志愿的建议,我都力求用评价的方式表达见解,少下简单的结论。

回顾评价方式的由来,介绍了对它的认识,下面将和大家交流对它的运用,以供参考。也希望有更深刻的见解更生动的典型问世于学校教育、家庭教育和社会教育。

第二节 评价教育是有立场的

教育的根本宗旨永远是育人从善,引人向上,这个立场是绝对不能动摇、不能变通的。不论时代怎样发展,不论教育方式教育手段如何多元如何先进,教育的宗旨不应有任何改变,如果改变了,那就不再是教育,有可能是邪教,也有可能是某些行帮的临时规矩。

评价教育充其量是教育方式或者教育手段,一切行为方式和行为手段,必须服从服务于行为目的即行为宗旨,这是情理之中的逻辑关系。因此,评价教育不能没有是非,不能不讲分寸,也不能不讲因果。这就是教育者的立场和原则。这就要求教育者对于所议之事,所言之情必须有个定性的判断(好坏对错善恶等),定量的梳理(分寸感、程度感等)和因果的推证。

还以帮老师提实验盒那件小事为例,班主任的立场就在于,对那名学生的善解人意乐于助人的主动精神先有定性的判断,确认这件事值得赞扬;再有对跑步往返既帮了别人又守了纪律的分寸感的认同；最后确认合理评价以后会有良好的反响。事实完全超出了班主任的预期效果。

有立场的评价永远不同于简单的说好话。日常生活中，人们相互说好话，多数出于礼貌或尊重，少数出于迎合或讨好，个别出于欺诈的也有。

最大的不同其实就在动机和目的的根本不同。评价教育只为宗旨服务，自然具有严肃性，严密性；而说好话多数时候会表现出随意性（出于应酬）和有选择性（出于讨好），出于欺诈目的的可另当别论。

如此看来，有立场的评价教育并非那么轻松，从选材到构思，定性要有深度，定量要有分寸，表达应该明白而且准确。

多少人在不理想的教育效果面前，常常怨天尤人，先是怪学生不听话，后是怪家长不配合。从今往后，建议大家面对不如意的效果时，先从自己开始总结一下，我们的教育过程中，对于事情的性质判断是否准确，分寸的拿捏是否到位，用意的表达是否明白又准确，这样做，不但效果有保证了，对于自身的长进和提高，也应该是顺其自然的事。人云亦云的评价教育或者道听途说的评价教育，其所以无效，首先是自己没有明确的立场。以其昏昏，终究不能使人昭昭。

第三节　评价教育是有温度的

一名女法官对由她审判的被告依法判处十年以上的

徒刑。控辩双方皆无疑议,当事人也当庭表示不再上诉。结案是水到渠成的事了,女法官却没闲下来。

这名被告入狱以后,整个家庭失去了经济来源,生病的妻子上学的孩子所有的开销没有了着落,女法官跑民政,找慈善,走基层,为服刑人的妻子办了低保,为上学的孩子申请了固定的困难补助。媒体报道了这件事以后,反复问女法官为什么要做那么多跟自己无关的事,女法官只讲了一句话:法律也是有温度的。

这句话应该启发到天下所有教育者,学校的老师、家庭的家长、社会各机构中的领导者或管理者,应该无一例外地借鉴女法官的这句话:法律也是有温度的。没有温度的教育难以生效,更难以持久。

有温度的评价教育如何运用会收效更多些更快些又更好些呢?

基础教育的对象总是以未成年人为主体,未成年人特别需要有温度的评价教育方式的人是可以分类的;先天缺陷者,亲情缺失者,家境困窘者,成绩低下者,内心委屈者,一时困惑者等。分类以后我们可以看到,他们普遍处于暂时的弱势。他们的自信多有不足;对于自己的未来,要么悲观,要么模糊,对自身潜能的有无和大小,多数未曾想过,也就谈不上尝试去改变自己的处境。这些共同特点,需要教育的恒久温度,需要教育者的恻隐之心、宽容之心、包容之心,尤其需要主动精神。这类孩子的内心多处于半封闭状态,对于自己的诉求,是很少有勇气主动表达的。习惯于忍耐是他们的又一特点。

归纳了他们的类型和特点,有温度的评价教育就可以有针对性地展开,展开的形式可以多样化,不必模式化。

有先天缺陷的孩子,从成为你学生那一刻起,就要对其人格做到平等尊重,神态和蔼可亲,要求上先考虑照顾;还要在背后关照所有同学课间交流闲谈时,特别忌谈类似的缺陷,不要触碰内心的痛处……身残志坚的书籍或文章可以悄悄地赠送;凡是能够参与的集体活动,应鼓励参与,更可以帮助设计,促使成功等。

亲情缺失者,有的是双亲离异,有的是留守少儿,有的是丧父或丧母。他们都要从一个短暂的震荡期过渡到相对平静的常态期。

不论是哪一个阶段,有温度的帮助或教育首先是态度上的主动,行动上的及时,感情上的饱满和真诚。安抚尽量体贴,亲情团聚或电话沟通应尽量保证常态化。没有特殊情况,不要变更团聚或沟通的程序。亲情缺失的孩子,对于每一次团聚和沟通,都是如饥似渴的。眼巴巴地等待或盼望,一旦有了变故,孩子感情的失落心灵的伤痛,是可想而知又是很难弥补的。身为师长,可以忘记的事情也许不止一件;唯独对于亲情缺失的孩子的有温度的帮助是永远不该忘记或忽视的。

对这类孩子的帮助方式,可以是转移悲痛情绪的,可以是及时肯定成功的,可以是讲述坚强故事启发坚强精神的。

家境困窘的孩子,有温度的帮助首先是自强不息精神的宣导,其次才是尽可能的经济援助、实物帮助等。

内心委屈的根源在于受到某种不公正的对待。这类问题的实际处理，并非那么简单，因为，委屈是人的内心感受，定性和定量都不那么容易。这就需要首先分清是非，再量化程度轻重，最后确定是否必须要老师出面帮助。多数情况下，只要不是故意伤害造成的一时气愤或内心不悦，常会时过境迁，雨过天晴，老师不必多去过问，更不要小题大做。小题大做的结果，会让简单问题复杂化。

成绩长期低下、学习确有困难的学生，在基础教育范围内，是个不容忽视的大问题，也是班主任老师必须倾心倾力的必修课。

在这个群体面前，有温度地评价教育应该是多角度展开的。

第一，付出同情和理解是前提条件。

我们曾经讨论过，最讨人嫌的孩子也许是最可怜的，因为所有的污水都曾经是清水。从目前的情况看，大多数成绩低下的孩子，主要是家庭教育的缺位和不当造成的。

例如，学习需要专心致志全神贯注的意志品德的养成；娇生惯养没有规范要求的家庭环境，从小就失去了修身养性这一课，孩子能有静得下心凝得住神的好习惯吗？精神不能凝聚的孩子，平时学习的每一环节都在三心二意心不在焉的状态下完成。粗枝大叶的过程，哪来精益求精的结果？这是付出同情和理解的根本原由。没有同情和理解，理智和责任心就不易被唤醒，没有责任心的教育轻则冷淡放弃，重则排斥抱怨，我们一直主张教育也要雪中送炭，这也是原因之一。

第二,相信和承认潜能是关键条件。

对于考分的评价,我们的基本认识是:动态看分数,越看越清楚。因为卷面分背后通常都躲着个水平分和潜在分。例如,100分分值的数学考卷,孩子卷面得分为85分,会做失分的共10分,显然,背后那个水平分应该是95分。还有个不懂不会的5分,确实是能力不及所导致;但那也只是当时的能力所不及,不等于以后的能力还不及。因为,孩子的潜在分仍可以以满分估算。虽然我们向来不主张考试非要去追求满分不可,因为那样会造成不必要的心理负担。但是,我们对孩子学习潜能的估算必须是充分的,坚定的,科学的,没有对潜能的真诚相信,就会在各种借口下忽视忽略甚至逃避对成绩差生的帮助。纵观基础教育大军里的成绩差生现象,由于老师对他们的潜能估计不足开发不深从而造成他们失去深造机会、失去发展机遇甚至失去人生方向的情况,恐怕不是个别。

第三,合理开发潜能是充分条件。

相信和承认潜能是信念或信仰问题,合理开发潜能,则是思路和方法问题,思路不清方法不当便难见真实和长远之效果。

开发潜能的根本思路,究竟在哪里? 在具体原因、真实原因、根本原因的彻底发现,准确发现。

这里的普遍误区是,凡成绩长期低下者,老师们用态度不恭、能力不备的结论往他们头上一扣,似乎也就万事皆休。努力属于多余,维持平安,也就罢了。

这个误区又源自何处呢? 源自我们认识的僵化,源自我们思考的浅表和空泛。因为任何具体原因、真实原因都隐匿在问题的背后，既不透明，也不公开。我们的工作一旦流于表面或片面，就像学生学习一样，看上去既投入又努力，成绩总是不理想，为什么？投入永远代替不了深入，重复和模仿始终不能取代思考，共同原因的再三强调，终究不是具体原因的发现和确认。

正是在这样的认识误区里，面对一茬一茬的成绩差生，我们不少老师，要么摇头叹息怨天尤人一番，要么哀其不幸怒其不争一番。因此，有温度的帮助和教育成绩差生，既要走出认识误区，也要走出情绪误区。彻底走出这两个误区，才能做到对潜能的合理开发。

合理开发潜能理应遵循的原则至少包括针对性、量力性、有序性等。

成绩差的表现、原因、性质都是具体的，都是有个性的。把课外辅导、增加学习时间、加大训练量当成普适的做法来改变局面，显然不能奏效，也不可能从根本上奏效。原因正在于没有针对性及有效性，这和庸医诊病的做法是一样的，所有的处方都是从共性出发的，患者具体的症状不是被遗忘就是被忽略了。

量力性原则被忽视的现象，在帮助成绩差生的过程中，也是屡见不鲜的。有一种流行的说法叫恶补和狂做，而且还振振有词：多做总比少做好，超前总比滞后好，补课总比不补好。有了这些人云亦云的说法和做法，好多欲速不达的现象比比皆是，花钱不少，效果不好的苦果也被好多家长无可奈何地吞咽着。

和量力性紧密相关的是有序性原则的被忽视甚至被颠倒。

到了高三年级,句型转换说不清,句子成分分不清的英语学科差生,他们的补差做法居然还是每天必做多少综合练习。类似的情况还有,也是到了高三年级,物理没有及格记录的学生,补差的做法除了正常上课,就是课外补课,节假日补课,还有什么名师补课,一对一补课等。

补差,一旦没有针对性,只能是盲人骑瞎马;一旦失去量力性,很容易出现学习上的消化不良,又叫"堰塞湖"现象;如果再失去有序性,必然是自乱方寸,头痛医头,脚痛医脚。结果呢,不但没看到潜能的充分开发,还白白浪费了多少时间和精力,更有不少大钞打了水漂,吃了哑巴亏的家长只能私下忍受说不出的滋味。身为内行的班主任老师,面对家教市场的逐利行为,面对家长的从众心理、不放心心理,病急乱投医心理,千万不要袖手旁观,应该理直气壮地、诚心诚意地劝告我们的学生和家长,在平时学习过程中,不管是防止落差还是转化落差,都不要把希望寄托在课外辅导上;真正优秀的学生从来不靠什么辅导和假期补课来提高成绩。学生在校时间一年十个月,一天至少六节课,每节课都有老师领着学新课习旧课,帮着操练和讲评,如果还没学好,那肯定是没好好学的问题。校内系统有序地教学没学好,校外零星的几次辅导能学好吗?

这笔账要心平气和地算给家长和学生听,这个逻辑关系要语重心长地讲给他们听。

最后告诉他们,不论是防止落差还是转化落差,最根本的希望只能寄托在修身养性上。为了这个根本的希望，我们不妨将诸葛亮写给儿子的信抄录于此，让我们和所有家长共勉。

夫君子之行，静以修身，俭以养德；非淡泊无以明志，非宁静无以致远。夫学须静也，才须学也；非学无以广才，非志无以成学。怠慢则不能励精，险躁不能治性。年与时驰，意与岁去，遂成枯落，多不接世。悲守穷庐，将复何及！

短短不足百字的书信，与长篇大论的教育论著很难相比，但对于为学做人的忠告与劝诫，应该是入脑入心的，应该是充满智慧的。因为我们从短信中至少可以看到并且学到：第一，宁静的力量；第二，节俭的力量；第三，性格的力量；第四，学习的力量；第五，速度及时间的力量等。

正是基于这样的认识和思考，我们便很容易理解基础教育中为什么不能容许功利思想的流行与泛滥，为什么必须反对把分数当成评价学生的唯一标准和固定标准，等等。

第四节　评价教育是有方向的

人所共知，教育始终要培养人的向善之心和向上之心，这是教育的灵魂，相对于技巧、能力和方法，它永远居于首位。这还不只是哪一个民族、哪一个国家的共识，而应该是整个人类的共识。尤其是科技愈加发达的今天和将来，科技可以而且已经造福人类，可是科技也可以伤害而且已经伤害过人类。最终是看科技掌握在什么人手中。

教育的根本方向永远是教育者手中的方向盘和指南针,谁也不能离开,更不能迷失!评价教育既然已是公认的教育方式,就不能忽视其明确而又坚定的方向。

一、宏观方向下的微观方向再思考

向善向上之心是宏观方向,传统文化中的仁、义、礼、智、信以及温、良、恭、俭、让,都应该是宏观方向,都有着强大而深远的生命力。但是,教育实践永远要求我们,在具体教育过程中,必须是宏观方向为指导,微观方向为基础,具体问题具体分析,具体解决。离开宏观方向的指导谈教育,只能就事论事,失去标准;离开微观方向的分析谈教育,又只能空谈概念,空发议论,教育失去了真实鲜活的对象。

因此,班主任的教育实践中,对宏观方向的深刻理解和坚定执行是不能有任何含糊和马虎的,同样,微观方向上的分类和引导,也是既具体又实际的。身在教育一线的班主任,引路人的责任和担当在这里被教育观念和教育实践反复挑战着考验着。特别是随着基础教育改革的深入,班主任工作需要竞争上岗,需要刚性担当的趋势似乎在所难免。教育方向的明确坚定,宏观方向和微观方向的有机结合,具体结合,灵活结合,就是教育能力教育水平的必然要求。

例如,体现向上之心的责任心、进取心、勇敢心、专注心等如何养成;干扰向上之心的虚荣心、功利心、浮躁心等如何转化或克服;反映向善之心的感恩心、同情心、助人为乐之心怎样培养;干扰或妨碍向善之心的自私心、冷漠心等如何预防和化解等,都有个宏观方向指导下微观方向具体引导及耐心疏导和精准指导的问题,容不得概念说教,不相信就事论事。一如我们各类各级学校的德育工作,一支队伍浩浩荡荡,一个基调:德育必须放在首位!队伍也够辛苦,基调更没有错误,可是我们的世风,行风,民风不如人愿的地方实在不少。最具讽刺意味的是那帮贪官们,他们听到的道理比一般人多,比一般人深,他们面对大众讲道理的机会更比别人多,也比别人勤,可他们的贪婪之心,却足够疯狂和阴暗。不要全怪制度有漏洞,教育空洞化是各行各业应该吸取的教训。

二、微观方向上的对接与提升

宏观方向上的向上之心可以对接为责任之心,宏观方向上的向善之心可以对接为微观方向上的同情之心、感恩之心等。微观方向上的责任之心,同情之心又该如何对接与提升呢?

学习成绩差是由上课不专注、作业不认真、巩固不及时等若干环节上的漏洞或缺陷酿成的。这些不专注不认真不及时都是一个人的行为表现,这些具体的行为表现应该先与微观方向上的责任心感恩心对接,然后再往宏观方向上的上进之心,向善之心上提升,使之由状态而境界,评价教育的目的或效果,就可以有依据了。

微观方向上的对接与提升,是评价教育实施过程中的基本秩序或环节,需要提请注意的是,对接不是简单对号,提升不是贴标签。例如,响应号召例行公事式的少量捐助,叫"一方有难八方支援"或者叫"互相帮助"皆可,叫"献爱心"就未必恰当,因为钱不是孩子自己的,又是有号召在先的,数额又是微小的,所以对接要尽量恰如其分才好。至于提升,也不是人为地拔高。总之,微观方向上的对接与提升,必须把握好是非感,这是前提;还要把握好分寸感,这是效果。评价教育中的空话大话过头话都应该最大限度地摒弃为好。

三、评价教育要从自我评价开始

评价教育的最终效果离不开"我"的教育过程,这是必然的。"我"的评价能力评价水准直接制约教育效果,这也是不言而喻的,因此,对学生评价教育的开始,一定是老师自我评价的结束。即老师对评价对象、评价内容、评价标准、评价分寸等必须有充分的了解和理解,必须完全能够驾驭这场教育的全过程,即完全做到知彼知己,教育方能开始,评价方可进行,这和充分备课的道理是一样的。

其实,自我评价的本质就是知彼知己的事实是否清楚,定性能否准确,评价能否到位,表达能否顺畅且传神,这些都要求备足了功课才能开始;有一个方面或环节不够恰当,都会影响评价效果。

这不是一日之功,也不会一蹴而就,班主任这个岗位同样充满了挑战,一定程度上挑战的难度并不亚于教学要求。班主任的平时功夫显得尤为重要。

兼听则明,偏信则暗;现象背后是本质;这是对弄清事实减少盲目的必备要求。是非界限分明分寸界限清楚,这是完成定性评价的关键。中小学的基础知识都应该是班主任曾经学过的知识,不要求精通,但不能讲错话,这是知识面尽量要宽的工作要求。所有的分析说理或结论判断,都必须在现行法律、纪律以及道德文明框架之内,这是对评价教育的综合要求。语重心长情真意切是表达过程中的语态要求。

如此看来,评价教育过程中的一些基本要素是班主任万不能缺少的,所以,所谓自我评价首先就是自我准备做得怎样,这是必须心中有数甚至胸有成竹的,我们看到好多失败的家庭教育或学校教育,恐怕很难从动机上找到真正的原因;但要从教育准备不充分、教育过程不精准、教育效果不理想这些环节上观察,我们就很容易发现,所有失败的教育都有失败的必然原因和理由。自古没有无缘无故的成功教育,也没有无缘无故的失败教育。

四、评价教育要古为今用洋为中用

评价教育要摆脱干巴巴的说教或者简单化地贴标签,以期教育过程生动精彩,教育内容丰富深刻,教育效果鲜明牢固,用好古代博大精神的教育理论和极具时代特色的国外先进教育思想,是班主任修炼成功的重要途径。

用好这些思想资源需要经历两大步骤:

第一步,搜集整理。有了互联网的当今时代,搜集工作方便多了,只要对相关内容进行点击,我们便可以源源不断地查到或者下载到自己需要的内容。难在整理功夫。整理需要横向分类,纵向分段。

所谓横向分类,就是青少年成长过程中必须灌输的成人成才思想,要予以分类,以便准确运用。例如,劝学文化、孝廉文化、修身养性文化、勤勉文化、爱国爱民文化、诚信谦卑文化等。总之，以儒家思想为代表的中国传统文化的核心内容仁、义、礼、智、信，温、良、恭、俭、让所能包含和延伸的文化，都可以进行基本分类，并且深刻理解，以备提升自己教育别人。

所谓分段，就是按照学生不同的成长阶段及不同特点，选择相应的内容予以对接，尽量不要错位。错位的结果，不是浪费，就是无效。

第二步，实施教育。这是个理论联系实际的过程，这是个教无定法各显身手的过程。然而，各显身手不可能超越认识秩序，也不该违背教育规律。有几点浅见与大家交流，取舍听便。

其一，传统文化的行为要求，应该侧重于家庭教育的养成，应该以少年儿童为主要对象，教育手段以养成教育、规范行为、仪式化为主。因为家庭教育的主要功能，是养德启智，少儿阶段的学校教育也是以养德启智为主，同时要承担相当分量的智育功能。对传统文化的传承和坚守，在这个阶段上长篇大论，旁征博引，空洞说教，不是浪费时间，就是无功而返。

其二，国外的不少教育观念和教育原则，确实有许多可取之处，但也不能生搬硬套。中国人在与外国人交流的过程中，做过那么多水土不服，弄巧成拙的事，也是该我们认真汲取的。其中，出于商业目的而被大肆鼓吹的洋节日洋文化、洋信仰等，在青少年中明显有过头之嫌。因为过头的模仿和追求，财产受损，身心受伤的人和事，绝对不是个别。

因此，无论是学校教育还是家庭教育，在古为今用洋为中用的方向中，确实还有个合理选料的问题。这个过程的每一阶段每一环节，都需要我们付出努力，都需要脚踏实地。

选料的合理性要集中体现在实施教育的目的上，即主题的确定上；加工的精心与否，主要体现在对选料的深入浅出地解释和说明上；对接的具体则是化繁为简化远为近的客观要求；渗透的自然强调的是反对简单可笑地贴标签，同时强调要让教育对象自省自悟，不必勉为其难地记忆和表达。

其三，传统文化和异域文化在我们的多数学校教育和家庭教育中都已有所传承和发扬，而且形式多样，内容丰富。需要下功夫处理好的矛盾是传统教育与现行考试制度的关系。理想的教育目标应该是学生的健康成长和个性发展相统一；可是我们的基础教育、高等教育甚至职业教育，教和学的侧重点始终被锁定在考试分数上，锁定在那个被称之为高压线的分数线上。分数线的公平公正被一再宣扬和肯定，全面发展被狭隘又固执地理解为平均发展。正是在这两根大棒的无形碾压之下，多少有个性有特长的人才苗子被忽视被同化，多少有建树有见解的青年学子因为一些必考学科的分数拖累而被冷落在深造的大门之外，哪怕所谓必考学科与其专业扯不上一点关系。身为班主任，仅凭一己之力，不可能从根本上改变上述情况，但不要让人才苗子在你身边被忽视被冷落，这应该能做到。

随着教育制度人才制度的不断改革,随着经济社会的深入发展,日趋科学合理的教育制度和人事制度终将出现。未来的诺奖得主不必再等到八十高龄,也不该再来个"外香"转"内香"。

其四,为了中国梦,时刻准备着。中国梦最朴素的表达就是强国梦,就是复兴梦。强国梦、复兴梦再具体的表达就是硬实力笑傲天下,软实力天下为友。也许,听起来有些遥远,但我们放眼世界,高铁走出去了,水利电力工程走出去了,医疗医药走出去了,体育、音乐、杂技走出去了,孔子学院更是遍地开花。亚投行的创立,一带一路的启动,又在助推着走出去的步伐,也在提升着引进来的水准。

这样的大势所趋,早就在呼唤教育改革,一定程度上,已经在倒逼教育改革。至少在舆论上,倒逼早已开始了。钱学森的大师之问,堪称典型。

面对这样的大势所趋,以教育为职业的我们,不该无动于衷,更不能无所事事。因为教育改革的最终目标,就是多出人才,早出人才,尤其要出创新领先人才,还要出大师级人才。教育的责任和担当是伟大而神圣的。我们很骄傲地置身其中,也必须很严肃地要求自己。

我们不是宏观政策的决策者,却是微观范围的践行者。因为微观,因为一线,所以我们离学生和家长最近,我们对他们的影响没有中间环节,没有过渡地带,有的只是直达彼岸和直线相通。

这样的时代背景,这样的教育岗位,容不得我们拖泥带水,不允许我们含糊其辞;我们唯一该做的,就是——时刻准备着！准备着教育观念的不断更新,准备着教育模式的推陈出新,准备着评价标准的不再唯分数化,准备着选拔考试的重大突破,准备着自己可能成为教育援外大军中的后备人选……

也许,我们为教育的贡献非常渺小,但只要是为中华民族伟大复兴所付出的努力,一定是光彩照人的。

内容提要

　　各种不同类型不同层次的专业人才的选拔与培养，无不仰赖于基础知识和基本技能的学习和掌握。引导好常规学习的根基意义，正在于此。

第四章　引导常规学习的基本思路

在校学生的知识学习过程其实是沿着两条线展开的，即平时学习一条线和考试一条线，这两条线又是由若干环节组成的。控制好这两条线的正常运行，就要落实好两条线上每个环节的基本要求，若这些要求能落实到位，则多数学生会取得比较满意的学习结果。在此基础上再去发展他们的个性，培养他们的特长，让他们既有厚实的文化基础，又有鲜明的个性特长，也就为他们将来继续深造打下了全面又宽厚的基础。这应该是班主任心中必须装着的一本大账，也是班主任管理工作的大局所在。

第一节　平时学习的那条线

学习一条线主要包括四个基本环节，即预习环节、听课环节、复习环节和作业环节。

一、预习不能被忽视

预习是学习过程的首要环节。预习的形式是自主研读教材文本，即看书。看书的目的是初步熟悉即将学习内容的知识轮廓。预习的较高要求是要发现问题，当学生带着问题来听老师讲课时,听课就会专注,听课就会思索,听课的效率自然就会很高。

但多数学生预习存在问题。一是不重视,有的学生认为预习可有可无,有时间就预习,没时间就不预习,预习不能持之以恒。久而久之,甚至没有了预习习惯;二是预习不得法,有的学生预习比较盲目,不知道预习什么,不知道怎样预习。表面上在翻看书本,却没有发现有价值的问题,预习流于形式。

针对这种情况,班主任要做一些功课。一方面,班主任要积极培养学生的预习习惯。从理论上阐述预习的必要性,从实例中引证预习的效能性,以引导学生对预习环节的重视;另一方面,班主任要善于培养学生的预习能力。指导学生预习的方法,可让预习成效好的学生现身说法。不同学科还应有不同的预习方法。

二、听课最忌分神

听老师讲课的态度要求是聚精会神,听老师讲课的效果要求是不欠债。不欠债,既可以理解为全懂全会,也可以理解成知道不懂不会的地方在哪里。听老师讲课,最可怕的是糊里糊涂。懂多少、懂到什么程度,说不上;不懂多少、不懂到什么程度,说不清。成绩长期不理想的学生,多数都输在听课这一环节上。出现上述问题的学生,除了智力差异这一客观原因外,课堂分神则是主要原因。

课堂分神,从走向上看,有定向分神和不定向分神两种。定向分神是指,人坐在课堂上,心里常常惦记某些有兴趣的人和事。例如,男生容易对武侠人物、体育明星、电脑游戏的虚拟画面等心驰神往;女生容易对言情小说中的故事情节、影视画面中的偶像人物等心生遐想。不定向分神是指,兴奋点随时产生、随时消失,没有固定专注的人和事,这类人的典型特征是坐不住、静不下来。

课堂分神,从状态上观察,可分为动态分神和静态分神。动态分神,人所共知;静态分神容易被家长和老师所忽视,因为它具有相当的欺骗性。有心的班主任在分析课堂效率高低或者学生测试长期在及格水平徘徊时,一定要重视课堂听课这一环节,要从学生听课的态度、效率上找原因、寻根源。通过课堂观察,指出学生听课分神的要害,以引导学生集中听课的注意力,提高听课的专注度。

三、复习不能遗忘

课后复习的基本方法,一是重读教材,梳理知识脉络与体系;二是重阅笔记,回忆和理解课堂中教师讲授的知识要点和典型习题;三是重现问题,找出自己生成的新问题。课后复习的目的,是为了巩固知识,为了消化吸收,即深入理解所学知识,深入领悟知识的内外联系。在此基础上,再进行归纳整理,弄清所学知识的准确性和深刻性。

很多学生不重视课后复习环节,他们通常的做法是模仿例题来完成作业,这几乎成了多数学生的学习习惯。于是,一个普遍的现象一直困扰着老师、家长和学生本人,即相同难易度的题目,当作作业完成,学生往往得心应手,屡屡获得优秀、良好等级的评价;但过一段时间,相同难易度的题目当考卷去完成,答题却往往令人诧异,不该错的地方却错了不少。

出现这种情况,当然有心理因素,因浮躁而轻视,因轻视而大意,因焦虑而烦躁,因烦躁而忙乱。但这不是全部原因。作业和考试水平差异的又一原因,就在于课堂之后的消化吸收不够充分。因为考试不再有例题可供模仿,知识如果有漏洞或含糊不清,也不能随意查书或请教他人。考场没有"现货"可取,只有"陈货"可用,"陈货"如果不深不透,自然不能居高临下地审视考题,也就难以判断考题的指向和要求,答题就只能凭猜测来碰运气。

学生忽视深入消化吸收知识的原因,在于他们会犯"以懂为会,以会为准"的错误。"懂"是认知阶段,"会"是行为阶段,"准"才是结果和目的。以字面的了解代替深入的理解,以大致的会当作严谨规范的会,就难以确保结果的准确无误。

懂得了课后深入消化吸收知识的重要性与必要性,班主任就要将复习环节作为硬性要求,严肃认真地、不厌其烦地劝导所有学生适应并坚守复习程序。引导学生,自主学习时,定要先做好复习工作,再完成作业。养成"不复习,不作业"的良好习惯。

四、作业不止赶速度

学生平时的作业主要有书面作业和口头作业,无论哪一种类型的作业,都要严格按照规范要求落实到位。作业规范主要有两种情况,一是形式规范,如书写格式美观、布局合理、字迹工整、页面清洁;二是内容规范,如答案的针对性、准确性、严谨性、逻辑性、完整性等。

作业的规范性落实起来着实不易,难以落实到位这点有学生自身原因,也与学生家长和任课老师有关。例如,家长对孩子日常生活中的谈吐举止的散漫性、随意性常常熟视无睹,这种散漫随意的生活习惯一旦迁移到学习中来,不规范就不可避免;老师在书面作业批改与言行评价中,侧重点一般都放在是非的评价上,形式与内容的不规范性,往往多是轻描淡写,甚至只字不提。再如,家长和老师对学生作业规范性的指导方法上不得法,常常表现为说教太多,养成太少;性急的太多,耐心的太少;要求的太多,检查的太少……

在各种各样的考试中,因为不规范而导致不应该失分而失分的情况很多,这很可惜。作为班主任,要重视学生日常的作业质量,平时要端正学生的作业态度,增强学生的作业规范意识,指导学生作业规范的具体要求,培养学生养成作业规范的良好习惯。这样,在考试时,学生才能得到应得的分数,取得该得的成绩。

平时学习这条线的四个基本环节,应该是有机地逻辑统一,轻视或忽略其中的任何一环,都是造成学生考试屡犯低级错误的重要原因之一。

第二节 考试那条线

和学习这条线相对应的另一条线便是考试一条线,这两条线相互依存,又各自独立。学习影响考试成绩,考试成绩反映平时的学习效果。考试一条线可分解成以下三个阶段。

一、考前准备阶段

考前准备阶段,主要包括心理准备、知识准备等。

(一)心理准备

心理准备的基本要求是:从容平静,客观淡定。要防止和克服的是浮躁心理和焦虑心理。心理准备的客观要求常常被忽视,所以我们经常会看到因浮躁失分的可笑,因焦虑失分的可悲。

因心理因素而失分的前台人物当然是学生自己,但背后的推手往往是家长和老师。其中,鞭打快牛的做法是成年人为未成年人预设考分和名次指标。这种长期积累的考前分数预期,正是学生对考试结果强烈期待的原动力和助推力,也正因为期待过于强烈,他们便对考试结果理想化、指标化、绝对化。于是,他们对考试过程的从容与平静、规范与严谨,已经难以把控,莫名其妙的低级错误就这样多次甚至大量地出现在灰暗的考试心态之中。到了积习已深的时候,一些家长终于对孩子说"考不好不要紧"了,但结果除了具有讽刺和虚假的意义,内心的惯性压力很难彻底消失,真正需要的阳光心态又总被包围在云遮雾障之中。

学生考试长期浮躁的心态,是又一类推手促成的,即粗心。总有一些家长和老师,他们对一些所谓聪明的孩子,总是容易放大学习反应较快的优点,对学风粗疏、表达不规范的缺点总是轻描淡写,不痛不痒。粗心,在他们看来就是光荣的缺点。于是,我们看到了从小学到高中,那么多考试过程中的低级错误,总是顽固而持久地伴随在一些被认为聪明人的左右。

因此,考试前的心理准备绝不是可有可无的,也不是无足轻重的问题。

(二)知识准备

知识准备问题,其实并不复杂,只要做到系统、准确、深刻、灵活就行了。

系统性是指没有漏洞,不脱链;准确性是指不含糊,不模棱两可,要清晰明了。历次考试中知识类的低级错误大量存在,和知识的疏漏与含糊直接相关;知识深刻性不太容易一下子表达到位,似乎有一种见仁见智的感觉。但普遍的见解有如下表述:首先是指不能从字面上了解,更要从知识的内外联系上理解。其次是指不仅要理解知识的延伸和扩展,更要理解它的演绎与变化。第三是指运用上的多角度与多层次推进。灵活性其实是系统性、准确性和深刻性的客观要求和必然结果,灵活性也正是应变能力的临场表现。

(三)重温教训

重温教训也是考前准备的必要做法。因为温故才能知新,因为体验才能深刻。大量低级错误的反复出现,不是因为没有订正,没有听评讲,正是由于忽视了重温的深入与体验的痛切。低级错误的持久与顽固,几乎在所难免。

二、考中操作阶段

考前准备的充分周到,是考中操作的基础和前提。考中操作,大致可以分为三个基本环节。

（一）审题

审题是答题的起点，审题是在为答题定方向、定路线、定标准，这是考中操作的首要环节。审题的最高原则是从眼前试题的具体实际出发，永远不要从想象和印象出发。盲目自信的人会从想当然出发，思维僵化的人会从固有的印象出发。这都是审题的大忌，也是不少同学在这一环节犯低级错误的普遍原因。审题之功在于读题，读题之功在于读透、读准。读准之功在于诚心、细心和耐心。这是心态从容在审题环节的必然要求。

（二）答题

审题到位了，答题就成了举足轻重的环节了。答题环节的低级错误有两种情况需要具体说明。一种情况集中表现在数、理、化考卷上的计算失误、步骤残缺、书写不规范、誊抄有误、先对后错、心手不一等；另一种情况集中表现在理科和文科考卷的文字题答案的完整性不足和严谨性欠缺上。因此，为减少或克服答题环节中的低级错误，以下要求必须要反复强调、反复实践、反复总结。

其一是答题确认。答题确认包括步骤确认和阶段确认。步骤确认是对每一题而言；阶段确认是对每份试卷而言，即完成一个独立的阶段（例如选择题阶段、填空题阶段等）之后，要有意停下来休整半分钟左右并且从整体上再复查一遍，以便及时发现确认后的疏漏，力求会做的题目不失分。

其二是对文字题答案的逻辑构思。我们无从讨论文字题答案的具体标准，但可以发现文字题答案内容的共同要求:即针对性、完整性和严谨性,这也就是构思逻辑。因为缺乏逻辑构思,不少学生的失分往往出在完整性不足和严谨性缺位上。更具讽刺意味的是,这类学生答题时感觉很好,而且漏答的内容也并非属于知识疏漏或含糊。之所以漏答,主要是对答案缺少逻辑设计,所以错在针对性上的很少,错在完整性和严谨性上的屡见不鲜。减少这样的低级错误,必须强化答案的逻辑训练,规范训练。老师更要在逻辑关系上提高评讲质量。

(三)检查答案

这一环节中经常出现的情况有两种:一种是因检查而致错,即先对后错;另一种情况是检查足够认真,就是发现不了错在哪里。

检查而致错误的根本原因绝不在检查本身,而是检查以后的判断出了问题,即题目本身的判断和破解题目的相关理论知识的判断,只要有一个判断不当,肯定错误难免。出现这种情况,最纠结最后悔的当然是考生自己。但是,读书不深不透,模棱两可、似是而非,所以对答案自己总是不踏实、不放心。先对后错就是这么出现的。

足够认真的反复检查为什么发现不了错在哪里?最主要最普遍的原因是无意间割裂了题目和答案的统一关系,犯下了就答案检查答案、只查答案不查题目的错误。一道高考数学16分的大题,被一位高考考生审题答题后,反复检查了三遍答案,结果还是扣一半分以上。后来才发现,方法、思路、步骤都完全到位,就是试题上的一个数字看错了。所以,考试检查,一定先从试题开始!这是铁则。

三、考后总结阶段

关于考后总结,大家都不陌生,不就是老师评讲、学生订正,或者再让学生将错题整理成集,或者让学生认真写好考试总结吗?这件事,小学的学生都不止一次地做过,教书的老师不止一次地被人要求过,也不止一次地要求过别人。

不重视考后总结的人似乎很少,但通过总结从根本上改变面貌的人同样很少。可见,考后总结这一环节需要思考的规律性问题很多。见分不见人,见分下结论,是普遍做法之一;分析原因和提出要求共性化,是普遍做法之二;延长学习时间,增加训练总量,强化课外辅导,是普遍做法之三。

考后总结,真的那么重要吗? 真的非常重要!

考后总结与考前准备及考中操作是有机的统一在整个考试过程中的,考后总结不仅是对考前准备和考中操作的评估和检验,更是对未来教学双方应该吸取的教训做出有分析的有说服力的评价和解释,并且进而指出今后努力的方向和方法。因此,考后总结不是可有可无,也不是"老师完成评讲、学生完成订正"就了事了。合理有效的考后总结,一般有以下步骤。

(一)发现问题

发现问题即考卷失分的真实统计。这一步看似简单,一些自以为聪明的学生,注意力大多数集中在难题失分的发现与统计上。对一些经常出现的非能力失分即低级错误失分现象,他们却不以为然、不屑一顾,从而造成长期反复失分。作为班主任,必须重视引导学生发现问题,即首先发现基础题范围内失分的现实情况,因为这是决定大局的关键问题。

(二)分析问题

这是考后总结的核心步骤,也是区别于一般总结的关键所在。因为它不再就事论事,不再见分不见人,见人不见心。

首先要分析失分的性质,即能力性失分和非能力失分。和这两种表述相对应的又叫作复杂失分和简单失分,或高级错误失分和低级错误失分。确定失分性质,对家长和学生都很重要,因为这里的定性,就如同医生为病人诊断病情,良性病症,尽管病症凶猛,但治疗有望。大家都不失信心,都怀揣希望;相反,如果治疗难度和风险都在加大,人们的信心和希望也会受到重创。青少年学生的失分多数属于非能力失分,类似良性症状,大家都不要过早地失去信心和希望,都不要简单地下些悲观的定论。

这是定性的积极意义所在,也是见分要见人的具体体现。接下来,就是见分见人、见人见心的分析过程了,即分析失分的原因,重点当然是非能力失分的原因。在这个问题上,我们想说明的是:第一,共性的原因主要有认识原因、性格原因、心理原因、方法原因、环境原因等;第二,提出共性原因是为了给年轻的班主任和各学科老师一个分析原因的方向和范围,以减少分析的随意性和盲目性;第三,要确定的必须是也只能是具体的真实的原因,这就是见分见人见心的完整含义,也是分析原因的根本要求。例如,一名高三学生五门学科成绩有四门达到甚至超过名校水平,其中一门化学成绩总是远远滞后,经过综合评估和深入分析,最终确定她的化学成绩滞后是因为对化学老师的性格和风格不认同,内心抵触和排斥情绪长期不能自我消解,化学成绩自然难以长进。一个班级50多人,大多数人化学成绩不受影响,这名学生为什么会受到如此严重的影响呢?是因为她在用理想化的标准要求别人,宽容和包容的心态被狭隘的心胸所困扰,这就形成了学习过程中的情感障碍。消除情感障碍的基本做法是晓以利弊。理想化标准要求别人,便容易降低对自己的要求,直接受损的首先是自己。没有宽容和包容之心,很可能把自己置身于群体之外,人际关系难免紧张僵化,工作和生活的幸福感无从谈起。后来,因为疏通了内心,最后四十天,这位学生化学成绩由原来约110分不到,最终高考考到138分,家长和老师称之为提高幅度太大,其实只是恢复正常。这就是见分要见人要见心的逻辑解释,也是我们反复强调分析原因必须具体化、个性化的理由所在,同时也是提高指导针对性的必由之路。

分析失分的原因之后,还要留意失分的表现,因为各种各样的失分表现背后,正隐藏着各种各样的失分原因,不同失分表现往往意味着不同的失分原因。

(三)处理问题

分析问题的最终目的是为了解决问题,处理失分问题的基本思路,大致有以下几个方面:

首先强调自悟的过程。大家都知道,学到多少见识多少,固然都很需要,但最终悟到多少,悟到多深,才是最重要最珍贵的。自己处理问题的做法很多,但必须强调如下几个原则:即针对性原则、方向性原则、思考性原则和反复性原则。

所谓针对性原则,是要对处理的内容和方法必须从自己的实际出发,而不是泛泛而谈的什么努力呀、补差呀之类。一个根本认识没解决的人,到处奔名校、访名师、忙补课,时间、精力和钱财确实花了不少,明显见效的有几人?不见效甚至越补越差的人还少吗?

所谓方向性原则,是要在大量的基础题范围内去发现并反思,而不是在少量的超过自己现有能力的难题上勉为其难。那样做,常常是不仅难见效果,而且自信心还会被动摇。

所谓思考性原则,是相对一些不肯动脑不善用脑的人提出的。这些人的基本特点是习惯模仿,喜欢人云亦云,容易满足于现象的观察,不肯进入本质的思考。悟性,长期被埋没着,似乎突破不了。这就是不肯思考不善思考的必然结果。

所谓反复性原则,其实是要强调坚持精神,强调不怕挫折。冰冻三尺,非一日之寒。学习上的种种缺陷,都不是一天两天养成的,克服它们也就不应该要求立竿见影,或者希望毕其功于一役。说到底,强调反复性,还是对学习规律的遵循与服从。

然后,提出问题:自己的努力尽到了,总还有些这样那样的问题,不能彻底明白,怎么办?这就有了第四步:提出问题。这一步,与前面三步比较,应该更为重要和必要。因为,没有对问题的深入分析和切实处理,就不可能真正提出有价值的问题,也就不能证明对于存在问题的根本原因和本质有透彻的把握与掌握。所以,能否提出问题,已经不是简单的顺序或步骤问题,而是考后总结的必然逻辑问题。提不出问题的学生是最有问题的学生,应该是普遍的教训。引导学生深入思考,鼓励学生大胆质疑,指导学生提出问题的思路和方法,这是班主任老师在这一环节上的用武之地。

关于常规学习的引导和帮助,其实才是班主任工作的基本功。这个基本功做好了,家庭教育中的盲目、忙碌、茫然也许就会从根本上有所改观。以某一位个体班主任而言,也许人微言轻,但一所学校的大多数班主任工作都能做到弹无虚发,都能做到举足轻重,那就不只是直接受教的学生能在我们身边获得健康全面的成长,由此延伸到整个社会,我们的贡献和价值将会是巨大的。

不论是自然知识还是人文知识的学习,都是在一个过程中经过若干环节完成的。厚实坚定的知识基础永远是各种创新人才的起航之地出发之所。对学生负责和对国家民族负责的高度统一,其意义也正是在这里。

这个基本功从哪里开始?从你的价值定位开始,从做有心人开始,从点滴积累开始,从敢于探索不怕失败开始,从从长计议开始。

内容提要

学生考试中低级错误的长期存在,不是小儿科,不是无足轻重;既关学业,更关事业,谁也不能掉以轻心!

第五章 考试中低级错误的来龙去脉

第一节 低级错误的表现、原因

一、低级错误的常态表现及危害

低级错误通常有以下两个方面表现：一方面是知识性的，具体表现为知识疏漏和知识含糊；另一方面是操作性的，集中表现在审题、答题和检查三大环节上。审题环节上具体表现为错看和漏看，例如看错数字看漏条件和要求等。答题环节上具体表现为计算不准，步骤残缺，书写马虎，誊抄有误，心手不一，先对后错（本已答对，后又改错）等。在检查环节上多数表现为就答案查答案或者就题目查题目这两种偏向。

我们现在讨论一下低级错误的危害。低级错误发生在训练测试中，直接危害就是得分高低和排名先后问题，间接危害似乎没有被感觉到；若是发生在选拔考试或竞赛考试中间接危害就严重得多，这是不言而喻的。更为关键的是，低级错误发生在医疗实践中，就有可能酿成人命关天的事故，发生在交通和生产实践中，就有可能是一场灾难，其代价常常是鲜活生命的瞬间即逝，庞大财产的灰飞烟灭。教育的最终目的,永远是培养德才兼备的各种人才,各种人才分布在各种各样的岗位上并承担着不同的责任,所有责任中最大最重的莫过于安全责任,所有的安全责任光有标语口号不行,只有监督机构也难最终保证。能从根本上保证的,唯有人的综合素质的大面积提高。而综合素质的基本要件必然是严肃的人生态度、严格的言行标准和严谨的行事作风。因此,对学业上低级错误的关注,最终是对未来事业的投注。老是停留在考分的多少上看待低级错误,常常会犯自欺欺人的错误。

二、低级错误发生的原因

基础教育阶段,学生在学业上的低级错误具有普遍性、长期性甚至顽固性的特点。班主任工作的最大挑战,并不在于办成几场轰轰烈烈有声有色的集体活动,也不在于曾经培养了几个高考状元;恰恰在于能从根本上帮助学生大面积地减少低级错误,让学生的潜质潜能有较大限度的发挥,较大程度的展现。班主任工作任重道远,对班主任工作的价值评估绕不开对学业成绩的评价,也离不开对学业测试中各种低级错误的认识与处理。既有普遍性又有说服力的主要原因:

(一)认识原因

在许多成年人心目中,犯低级错误的孩子主要是一时粗心造成的,随着年龄的增长和最终升学考试的到来,他们自动会解决这些问题的。在这些家长和老师眼里,粗心常常是还算光荣的缺点,因为他们不是不懂和不会,只是没注意罢了。成年人的这种认识和评价反映到未成年人身上,一旦变成习惯,就会成为顽疾而很难被纠正和彻底克服。

有了这种认识的青少年学生,他们的兴趣和热情多数会向有相当难度的题目集中,基础知识的系统和准确,基本能力的规范和严谨,常常被有意无意地轻视和忽视。

低级错误的分布通常都在基础题范围内,基础题在选拔考试中又总是决定大局和全局的。因此,从基础题和低级错误及考试大局的关系看,我们完全可以推定:选拔考试的成败得失,最终落槌定夺的,是当事人考试所犯低级错误的多少与轻重,根本不是几个少量的难题把考生拦在深造的大门之外。

非常可惜的是,就是这种司空见惯的低级错误,被众多老师和家长在轻描淡写中抱怨,在就事论事中处置,聚集到选拔考试的关口,终于爆发出来。后悔和恼怒,全都无济于事。

(二)性格原因

浮躁的人平时学习多数满足于一知半解,习惯于浅尝辄止。他们以为字面上的了解就是内容上的理解。所以在行为上常常以懂为会,以会为准。长此以往,到了考试的时候,这种松散的思维和散漫的行为必然为规范的要求和严格的标准所不容。大把大把的低级错误就这样来到他们面前。长吁短叹一番以后,马上又小有遗憾大有自豪地开脱自己:不就是没介意嘛,下次注意就是了。

这是一支不小的队伍,有心的班主任一定要主动关注他们,深入帮助他们。

性格内敛的人,外表不张扬,举止不轻浮。但是他们并没到成熟沉稳的程度,稍有不顺,容易胆怯,同时又很在乎考试结果。于是,在紧张忙乱之中,他们也会犯下各种不同的低级错误。其常见的特点是,同样难度的题目,让他当成作业去完成,可以做得很好,准确率很高;一旦当考卷去完成,正确率明显下降。这在毕业班年级,情况尤其突出。

(三)心理原因

心理原因和性格原因几乎互为表里,性格浮躁的人,容易出现轻视心理,性格内敛的人容易出现焦虑心理。这在长期的考试实践中表现相当普遍。

(四)做法原因

在大量的低级错误面前,无论是学生、老师还是家长,如果说他们都是无动于衷,显然不是事实;但多数劳而无功,无功而返,却是基本现状。之所以如此,因为他们对低级错误的认识和处理,普遍存在表面化、简单化、形式化的局限。

例如,解释低级错误的原因,普遍停留在粗心、没介意、不认真等的说辞上。再例如,处置低级错误的办法又多是"下回注意""下回一定注意"的说教上。还有屡见不鲜的考试总结,看上去洋洋洒洒,其实都是空话和套话的堆砌。所有的考试总结,从小学到高中,开头几乎都是无病呻吟的感慨,接着是不痛不痒的评价,最后是信誓旦旦的表态。形式可谓完整又全面,内容都是空洞又贫乏,莫说血肉不丰,就连骨架都难以单独自行支撑!正是在这种简单化的说教和形式化的总结中,低级错误在很大范围内畅通无阻,大行其道。

有一种情况是,在一些中小学生当中,各学科的文化成绩都比较差,无所谓优势和弱势学科,又很难从主观态度上或者过去的基础上找到真正的原因。这种情况一般不从低级错误这个角度去分析说明问题。从智力开发的缺位及智力差异和人才多元等角度加以认识比较合理。碰到这种情况,班主任会有爱莫能助的感觉,这是正常的,最不正常最不应该的是冷漠和嫌弃。也许,最需要获得温暖和得到爱心的正是这些少数人。这就是校园里的雪中送炭。这种心灵上的雪中送炭,说不定就是久旱逢雨,就是迟到的钥匙,就是这个孩子命运转变的开始。做一个有心的伯乐,当一名有眼光有耐心的园丁,这是我们都可以做到的。

第二节　低级错误的防范与减少

当我们对低级错误的表现、危害和原因进行了一番梳理和分析以后,合乎逻辑的思考就应该讨论低级错误如何克服的问题。然而,在我们深入讨论这个问题之前,有一种现象经常拷问或考验着我们关于低级错误发生原因的判断是否完全准确并全面。例如,从小学到高中,尽管低级错误非常普遍,却总有一些同班级同年龄同学科的人几乎很少犯低级错误,有的甚至低级错误为零。这种现象从态度和能力上很难具有最终的说服力,只有从性格和心理的角度去思考,才能反映或接近事实的真相。

那么,性格和心理因素又是出自何时何处呢? 出自家庭环境,出自启蒙教育。印度的教育谚语讲得明白又直接:播种行为收获习惯,播种习惯收获性格,播种性格收获命运。很显然,低级错误的防范与减少,最根本的出发点应该是从良好习惯健全性格开始。这是以人为本的教育思想,这是对就事论事、从现象到现象教育方式的否定。

因此,对于低级错误的防范与矫正,最根本的途径是健康心理和健全性格的养成。性格始于习惯,习惯始于行为,这是最基本的规律。可见,不论学校教育还是家庭教育,健全的性格教育都应该从规范行为开始,使之养成习惯,最终内化为相对稳定的性格。

家庭教育对孩子的习惯和性格有着重大的先期影响,这是事实,但在习惯和性格的矫正和健全上,学校教育不但为时不晚,而且大有作为。因为,我们的学生都是未成年人,他们的认知和行为都在变化发展中,都在可塑造中。三军仪仗队的战士们,应该来自不同家庭不同学校,他们集中训练之前肯定都有不同程度的行为缺陷,习惯缺陷甚至性格缺陷,但只要经过一定时间的艰苦坚持,神态保证昂扬丰满,动作保持整齐划一,不也训练成功了吗?

在我们的班主任工作中,面对学生中种种行为缺陷,长吁短叹的,抱怨责备的,怨天尤人的,无可奈何爱莫能助的,到处可见,随处可闻。然而,班主任这个岗位还要待下去,教师这份职业还要守下去。

我们完全应该而且可以换一个思路想想:学生的行为习惯如果没有缺陷,班主任工作的价值就要打折了。仪仗队的训练有素,给我们最大的启发是:行为习惯不是先天的,性格是可以被塑造的。基本做法有如下几种:

第一,从头开始。

最好从第一次班会开始或者从第一次集体活动开始,例如春游、大扫除、体育课集队前往。这个"第一次"当然是你接手班主任之后的"第一次";这个"第一次"的要求必须具体化、规范化、常态化;这个"第一次"的效应在于先入为主,可以事半功倍,所以,这个"第一次",内容切忌含糊不清,要求切忌笼统大概,表达切忌拖泥带水,检查切忌不及时,不细致,不主动。

第二,从学习过程的基本环节开始。

预习到位,带着问题听课效果好。听课到位不分神,不被动,课堂效率高。复习到位,及时消化吸收,巩固效果好,为做作业打下了理论基础,避免一味模仿完成作业,最终缺少实战的应变能力。作业到位,即形式规范、内容规范。还要练中有思,思中有悟。无数实践反复证明,保证基础题大面积得分的正是平时学习四大环节的到位,环节到位的保证是什么呢?习惯,性格。习惯、性格始于何处? 始于行为。调整于何处? 纠正于何处? 当然也是行为。

因此,以规范行为去纠正行为缺陷,其功效,彰显很快;其影响,由点及面。例如,做数学作业,等号用尺画线;草稿纸的答题顺序要与作业题号对应或吻合;所有的作业书写必须清楚工整;擦黑板要按顺序(自上而下或自左至右)有节奏地擦干净,等等。

第三,从名言警句开始。

例如,差之毫厘,失之千里;小洞不补,大洞吃苦;勿以恶小而为之,勿以善小而不为;一室不扫,何以扫天下……

艺术作品就是用最小的面积集中最大量的思想。

第四,从学生中的典型失误开始。

例如,考试过程中的计算失误,就很具典型性。一是面广量大,二是长期存在。所谓从典型开始,就是要尽量准确地解剖典型,给学生以有说服力的解释和说明,然后提出相应的切实可行的要求,这些要求就会被自觉地接受和坚持。

以"2+3=6"为例,这个计算失误应该够典型的了。解剖它的第一步,就是要说明和考生的态度及能力毫无必然联系,因为考生不可能有意为之,也不可能真的就不会。犯下这样的低级错误,是在两种心理背景下不知不觉完成的。第一步,对题目的要求满意、得意再大意;第二步,此时的冷静和严谨已被得意的激动冲了很远,于是乘法口诀的思维定式乘虚而入……

第五,从强化自身体验开始。

温故知新的道理看上去大家都知道,但真正深刻理解自觉实践的人不多。有过失误,齐声喊痛的人不少,甚至普遍;但痛定思痛,而且深知为什么痛,怎样才能不痛和少痛,却是很少有人愿意下这番功夫的。正因为如此,有人在挫折和教训中强大起来,有人却麻木起来甚至沉沦下去。

重温的基本原理是让当事人强化了内心的体验,提升了感悟,唤醒了自觉,所以才有了神奇的威力和魅力。犯过同样过错的人,有人从此强大,有人一再平庸,不要去问谁聪明谁愚钝,更不要抱怨什么命运不公。最该问的是自己,是自己有没有真的用心去重温。

　　曾经有一位考生,直到高考前,120分的数学试卷还没有90分的记录。内心目标是南大外语系。学科特点是,其他学科成绩足以达到甚至超过南大往年标准。数学最后两大题得分率从来没低过90%,基础题范围的低级错误却是俯拾皆是。面对"粗心"解释的无用和"下回注意"的无效,她认真接受了考前深入重温的建议。让家长和老师惊讶的是,她的数学考试第一次达到108分。让她自己感受最深的是,她在深入重温以后才真正体会到冷静不再是个抽象的概念,而是真实具体的心境,并且已化作自觉的行为。例如,审题不再一眼为定,答题不再一气呵成或一步到位。"纸上得来终觉浅,绝知此事要躬行。"这是世人皆知的道理,但是"躬行"因为要花力气,要费精神,所以乐意"躬行"、坚持"躬行"的人总是少之又少。也是这个原因,我们发现错题集比比皆是,罚抄百遍的也不鲜见,可是低级错误的魔咒却是阴魂不散,如影随形地困扰着我们相当一批青少年学生。仅就这一现象,有心的班主任哪怕当作课题来研究,都是很有价值的。如果你把优秀学生和多数中上等学生的学业成绩进行一番比较,你肯定会发现两者的差距并非遥不可及,而且大量的不是表现在少量的难题上。换言之,班主任要培养大批成绩优秀的学生,从减少和克服低级错误入手,应该是一条有效的途径。

第六,从肯看书会看书看透书开始。

　　知识类的低级错误在众多青少年学生中普遍地存在着,有疏漏的,有含糊的。这是看得见的知识类低级错误。还有看不见的,好多学生经常反映两种情况:一种是审题的指向性不易到位,一种是考后评讲一点就通了。这两种情况看上去是理解能力的缺陷,其实首先是阅读能力的缺陷。题目的字面含义不确切,字面背后的关系没理解,当然把握不了命题的指向性。这和什么有关? 和阅读有关。

书本知识呈现给学生时,形式上的工整与规范,内容上的精当与完整,逻辑上的严谨与准确,都是必备的要求和客观标准,这正是读书人应该以书为本的必然要求。认真读书的孩子,会很少犯知识类的低级错误,因为在认真阅读过程中他们的理论素养和逻辑思维都得到了良好的训练,他们在读题时很容易进入状态并且找到感觉。这是实践反复证明的事实。

不肯读书的人,练习多从例题出发,完成作业困难不大;进入考试,他们常常经不起题目的变化,看不清,看不准甚至看不懂,便是常有的事了。

肯看书解决的是态度和认识问题,会看书和看透书则是回答读书的方法和标准问题。

面对密密麻麻的书本知识,读书人首先要从内容上做出取舍,书上许多举例的段落,重复的文字以及过渡性的转换,还有自己已经熟悉和掌握的内容,都不在重点阅读的范围之内,只需一带而过。这样阅读的方向就明确了。平均用力用时不分轻重地阅读,其效低,用时多。

面对必须看透的内容,运用句子成分分析的手段,对每个知识点进行分解阅读,比较阅读,然后再做梳理与概括,书本知识在微观上的准确性与深刻性,在宏观上的系统性就被建立起来了。这就是看透书。古语云:"法网恢恢,疏而不漏。"读书人能把知识的网络有机地编织好了,这本身就是一种综合能力的展现与升华,还用得着对基础题考试担惊受怕吗?

总而言之,低级错误的防范与克服,决不仅仅是考试中多得些考分的问题,它和人的综合素质息息相关,它和人的健康成长、全面发展密不可分。重视低级错误的预防和克服,不是小儿科,而是大工程,需要班主任工作的大手笔去绘制和创造。

第三节　测试情况的调研设计

低级错误的长期存在,普遍存在,学生的内心反应如何,也是我们必须弄清的。没有对学生内心的真实了解,帮助或引导的效果则很难实现。为此,我们可向学生做一次直接的测试情况调研——

历次限时训练的结果,让我们看到了你们可喜的长进和巨大的潜能。我们分享你们的喜悦,更乐意分担你们的辛苦和努力。为了巩固既有的成果,为了你们聪明才智的有效发挥,我们更想有的放矢地帮助你们。我们必须进一步了解你们,而且是全面了解,是真实了解,是具体了解。相信你们会讲出真情,说出实话。我们期待着:

一、基础题定大局的策略思想你的领悟情况:

  A.领会且自信 B.相信并执行

  C.道理信做法浅 D.基础题失分面偏大

二、基础题失分面偏大的主要表现有:

A.知识疏漏或模糊　　B.题目看错或看漏

C.计算或书写不准　　D.先对后错心手不一

三、知识类失分的主要原因：

A.不肯看书　　　　　B.不善看书

C.看书效果差　　　　D.肯看但不深不透

四、操作类失分主要原因是：

A.平时就重视不够　　B.顺手时会大意

C.考前考中会紧张　　D.瞻前顾后太多

五、重复失分的主要原因在于：

A.考后总结走过场　　　　B.考前重温常忽视

C.失误的危害理性判断不够　D.平时训练严肃不够

六、薄弱学科长期存在的真实原因是

A.功夫没到　　　　　B.情感障碍

C.畏难　　　　　　　D.很少主动与深入

七、薄弱学科处置的做法缺陷在于

A.时间和精力集中不够　B.坚持不够

C.做法机械呆板　　　　D.针对性不够

八、在卷面分与水平分的距离面前,经常或多数的想法与做法是：

A.痛而不思思而不深　B.行而不坚

C.不曾认真思考过　　D.船到弯处自然直

九、答题过程中情绪的把控情况有：

A.基本有条不紊　　　B.碰到障碍就慌

C.总担心时间紧　　　D.上半场平静

十、你对自己成长现状的基本评价是：

A.尽心尽力无怨无悔　　B.心尽力没到

C.心尽力不济　　　　　D.心没全尽,力尚有余

十一、对老师的教学建议希望在哪些方面有改进?

A.试卷讲评课希望什么?

B.一般复习课希望怎样?

C.弱科辅导又有什么要求?

D.与你沟通交流方面还有哪些需求?

十二、在你目前的境遇中,最大的困惑是什么? 最大的干扰是什么?

最希望获得的帮助是什么? 最迫切需要摆脱的是什么?

上述调研情况的收集与整理,由于来自学生自己,真实又客观,对教学双方的帮助都会是很大的。

第四节　低级错误矫正中的教师担当

"担当"者,有勇有谋,有所突破和创新者。

一、担当前行的共识梳理

1.基础题定大局的战略思想、田忌赛马的策略思想、滴水穿石的功夫思想,应该成为引导学生明确努力的方向思想、做法思想和效果思想。三者有机统一,构成完整的指导学业完成的总认识,总思想。

方向告诉他们考试既不神秘,也不是高不可攀、遥不可及。考试的选拔标准永远是相对高分,从来不要绝对高

分,更不要求满分。多少年来,高考一本分数线的得分率都在75%以下,二本分数线的得分率都在70%以下。号称大学梦之巅的那几所大学,至少五年了,它们的门槛也没超过85%的得分率。

揭开所有考试包括高考的神秘面纱,就是要看透高考,看破高考,同时也看准高考。此谓知彼。

2.合理的自我评价,丈量出你与高考的距离是超过还是不足。

以平时期中期末考试的总分440分计算,你稳定在70%左右的得分率,则已超过二本线;如果在75%左右的得分率,则超过了一本线。依此类推,名校线相应也跟着。这就是第一步知己。

如果你历次考试总是和上述标准有一定距离,可以是几分、十几分、二十几分甚至三十分以上,你也不必惊慌。因为:

第一,你看到的卷面分普遍低于你看不见的实际水平分。水平分=卷面分+非能力失分(即低级错误失分)。非能力失分的矫正与恢复难度相对较小,而且见效快,巩固牢。这是第二步知己。两步知己相加,你就有了自信的理由和依据。

第二,有了努力的方向,又有了努力的自信,努力的效果也就指日可待了。所以千万不要惊慌,要的只是理性和清醒。

3.动态看分数的思维方法要成为全体师生的思维习惯和评价尺度。尽力防止见分不见人,见分就定论的僵化思维方法。简单化的思维方法要么夸大人的天赋,要么否定后天努力的意义,最终看不到前进的方向,陷于自我封闭的被动无为状态。

4.以人为本的教育思想最重要的是要落实到对人的巨大潜能的相信与开发上。

所有从事教学的人都知道,学生群体中的低级错误失分,几乎俯拾皆是,不但普遍,而且持久;不但持久,而且顽固。面对这种面广量大的现状,多数老师表现出的是长吁短叹、爱莫能助、恨铁不成钢,也有尽责的,但又是说教多于分析,投入多于深入,心尽力没到。

其实,从考试的角度看学生,优秀学生的最大特点就是会做的尽量不失分、少失分;还从这个角度看老师,优秀教师的最大特点就是让他的学生把低级错误降到最低程度。优秀学生和优秀教师的高明之处未必在于他们都是攻克个别难题的高手;他们成功的秘诀,正是在那些决定大局的基础题面前,始终坚持了严肃的人生态度,严格的做事标准和严谨的行事作风的高度统一。

那么,怎样才能让学生的潜能最大限度地焕发出来,同时让他们的应有水平尽量恢复回来进而再有所提升,这便成了所有师生的共同使命。

二、循着共识做实事

1.共识概括及对应的做法:基础题定大局是树立自信的客观理由;合理评价是增强自信的身边依据;动态看分数既是科学的思维方法,也是强化自信的直观依据和具体依据。三条共识所对应的主要是认识上的定位,不存在什么复杂的做法。

真要下一番功夫去落实的是对学生潜能的挖掘和开

发。这是一出重头戏,这是一场观念调整、方法跟进、做法到位的自我革命,这是一次继往开来担当前行的挑战自我。

所谓观念调整就是指观念更新。例如,人的潜能是巨大的,这是否已经成为自觉的信念或信仰,还是根本就不信,或者将信将疑,又或者只信见到效果的,暂时没见效的还是信不起来。

所谓方法跟进,就是既然相信潜能的巨大存在,就要借助合理评价和深入分析的过程引导或启发学生认识自己的潜能,相信自己的潜能。需要说明的是,人群中的智力差异也是客观存在的,但这并不妨碍对潜能的相信和开发,因为我们在基础教育阶段所讨论的潜能只是要适应基础知识和基本技能的学习和掌握,并非是对高深理论和高端技能的运用和掌握。智力差异所带来的困难,完全可以通过笨鸟先飞以及勤能补拙的方法来弥补。

所谓做法到位,就是具体的做法和要求必须有布置有检查还要有点评。例如,书写要规范,听课要凝神,总结要深刻等。这些要求够基础的了,完全做到的能有几人?为什么?泛泛地号召,不痛不痒地评价,有布置不检查,有检查不深刻,诸如此类的粗线条工作方式,正是好多不上规矩的各种行为的温床和土壤。把这些责任全推到学生头上,严格地讲,是有失公允的。

2.实例解剖。

某理科班学生数学一卷考得卷面分116分,得分率在70%以上。低级错误失分计24分,分别是知识疏漏3分,知识含糊5分,计算失分9分,先对后错3分,审题漏看4分。

　　低级错误产生的原因分别是：少看书、浅看书，浮躁、绝对自信，判断不够充分，浮躁兼思维定式。

　　低级错误产生的间接原因分别是：对看书的本质意义（居高临下、触类旁通）认识肤浅且片面，把做题训练的功能放大化，绝对化，因为浮躁和绝对自信所以对失分性质不同但价值相同的道理体验不深，判断不准是因为读题不清分析不透。

　　低级错误产生的根本原因，是对自己做人做事的标准不高，所以学习态度不够严肃，学习标准不够严格，学习作风不够严谨。

　　低级错误的破解几乎是一点就通，一眼看到底。但原因确实是错综复杂的，这也正是低级错误普遍、持久且顽固的根由所在。

　　3.实例的几点启示：

　　第一，低级错误的普遍存在正是学生群体中潜能普遍存在的最好证明。因为低级错误的最大本质就是它都犯在能力之内，即潜能一旦调教妥当，能力就将充分展现，且规范表达。

　　第二，低级错误的根本原因在人的基本品质，基本品质包括道德、意志、思维及心理等四个方面。其中，道德施以做人的标准，意志提供做事的坚韧，思维提供思辨的方法，心理调节人的情志，润滑人的精神。因此，减少或克服低级错误的根本途径在修身养性，在苦练内功。

　　第三，我们的工作作风不在乎轰轰烈烈，只在乎脚踏实地。我们的说理不在于让人激动多少，而在于是否感动几分。我们的要求不在于宣布多少条,只在于落实能几条。总之,在平时的日常生活中,学生都能坐得住,静得下,钻得进,还用去愁考不出吗?

第四,榜样的力量是无痕的,精神的感召是无声无形的。老师的讲课质量,板书水平,作业批改是否精当,谈吐举止是否庄重权威,几乎时时处处都在与学生交流,由学生取舍,为学生耳濡目染。

良好的个人风格,良好的集体班风,都是无声的命令,都是无言的教育。低级错误被当作硬任务强行完成,很难有持续效果;被放在良好的环境之中,氛围之中,低级错误就会在不知不觉中,不烦不躁甚至不声不响中,悄悄地被挡在了无形的铜墙铁壁之外。

常用的考前提醒:

1.不要预设任何考试目标,也不必过多地担心曾经的教训重演,更不要听信传说中的哪一次考试如何重要。考试就是一次集中阅卷的作业训练,仅此而已。这是最好的考前心理准备,而且是所有考试应该遵循的心理准备。

2.考前的重点准备应该而且必须放在:

(1)基础题范围内,意即少量的难题量力而行;

(2)基础知识范围内,做到无漏洞(系统性)、无含糊(准确性)、无浅表(深刻性);

(3)行为过程的落实上,教他们肯看书。因为所有的试题都由书本知识演化而来,书看好了,才能居高临下,才能把握题义;还要教他们会看书。看书不懂取舍,浪费时间,看书不分轻重,难见效率的提高。更要教他们看透书。一个"透"字,是阅读的最高境界,是举一反三、触类旁通、居高临下的必然要求。一个"透"字,把工夫变成功效,把过程转化成结果。万千学生的种种学业差异,尤其是中等生和优等生的差异,主要是从这个"透"字上分化开来的。浮光掠影、浅尝辄止、蜻蜓点水式读书的人从不差在智力和体力上,永远差在修身养性的心灵之上。

俯瞰那么多学生的那么多差距,是非失误何其少,细节失误何其多,我们就不难理解那个"透"字的必要与重要!

(4)以往教训的重温上。其重点是,那些教训的表现有哪些,具体原因、真实原因、根本原因又何在。弄不清准确原因的教训永远是教训。

3.考中操作要求:审题不该一锤定音;答题不该一步到位,要步步确认;检查不该就答案查答案,必须先查题目再查答案。

4.考后总结不必考前讲给学生。考后该做的是让他们自己在考卷上:

(1)发现问题。主要在基础题范围内。

(2)分析问题。分析失分的性质、原因和表现。

(3)处理问题。知识类问题自己看书,操作类的,深入重温。

(4)提出问题。自己处理不了或者没有把握的集中向老师提问。

总结不能走过场,不能简单化。把考后总结只放在错题订正上,没有深入地思考和感悟,常常是重复失分的原因所在。

内容提要

没有人知道成功和失败的差距多么小。它们之间只有一个词的距离，那就是胆怯。问一问福特，问一问爱迪生，问一问那些已经成功的人，他们会告诉你，依靠坚持和信念才可能成功，但是成功还需要——激发潜能！

第六章　潜能大释放的个案回顾

个案一:看似寻常最奇崛——知新当从温故始
个案二:别来此处最萦牵——关注试卷的分数结构
个案三:枯木逢春犹再发——投入代替不了深入
个案四:听唱新翻杨柳枝——一份新奇的假期作业
个案五:待人岂能理想化——消除师生情感障碍
个案六:剑走偏锋也精彩——奇迹背后的真相
个案七:共禹论功不较多——害人的考分指标化
个案八:一个不曾被发现过潜能的人

潜能大释放的个案回顾及思考

"没有人事先了解自己到底有多大的力量,直到他试过以后才知道。"(歌德)现代教育学和人才学都认为,人的潜能本来是很巨大的。人的才能之所以千差万别,不在于潜能的差异多大,而在于潜能是否被开发以及开发的程度。下面的这个真实的故事也告诉我们,一个人的潜能被激发后可以创造奇迹。

一位名叫史蒂文的美国人,他因一次意外导致双腿无

91

法行走,已经依靠轮椅生活了20年。他觉得自己的人生没有了意义,喝酒成了他忘记愁闷和打发时间的最好方式。有一天,他从酒馆出来,照常坐轮椅回家,却碰上三个劫匪要抢他的钱包。他拼命呐喊、拼命反抗,被逼急了的劫匪竟然放火烧他的轮椅。轮椅很快燃烧起来,史蒂文猛地站起来。他一口气跑了一条街。事后,史蒂文说:"如果当时我不逃,就必然被烧伤,甚至烧死。我忘记了一切,一跃而起,拼命逃走。当我终于停下脚步后,才发现自己竟然会走了。"现在,史蒂文已经找到了一份工作,他身体健康,与正常人一样行走,并到处旅游。

潜能问题在认识上有两个偏差是需要澄清的。一个是潜能无限论,这是一种明显的形而上学的绝对化思想,因而是违反科学的;另一个是潜能不变论,这种思想认为,人的潜能既然是与生俱来的,就是一成不变的,无所谓开发和挖掘的问题。这是典型的宿命论,是对教育功能的漠视和无视。教育工作者一旦拥有这种想法,对于受教育的学生来说,将是一场不幸;对于国家和民族而言,许多人才将会被延误甚至被扼杀。这不是小题大做,也不是危言耸听,在我们眼见的现实中,许多学生的才智被忽视,被埋没,被浪费,绝不是孤例。

正是出于这样的思考,我们结合自身的实际体验,把一批潜能释放的具体个案整理如下,并稍加分析,和大家共享。

个案一:看似寻常最奇崛——知新当从温故始

个案描述:

姓名:张某某,性别:女,年龄:18岁,年级:高三文科班,智力正常。

基本情况:志向,南大外语系。除数学外其他五门功课早已达到南大以往多年的录取水平。数学的基本情况是,最后两大题得分稳定在百分之九十左右,大量的失误在填空和选择两大基本题范围内,每次考试前该生会在桌面、文具盒、床头甚至手掌等醒目处写上"要冷静!""要细心!"等警示语。可是,120分分值的数学卷却很少有90分的纪录。家长和她本人希望找老师辅导数学。

转化策略:

很显然,这位学生既没有态度问题,也没有能力问题,辅导纯属多余。给她的具体建议是:下次考数学前准备好2~3份做过的数学卷(不超过三份不少于两份),看准会做失分的数学题面壁重温5~15遍,不记答案,不再重做和订正。聚精会神,心无杂念。

转化结果:

十天后测试中,张某某的数学最新成绩为108分,高出以往历次数学平均分30分左右。她的感受是,重温5遍以上,已经隐约感觉到冷静是怎么一回事;重温10遍以上便前所未有地体验到冷静不仅是一种状态,更是一种境界。因为感受空前强烈,所以一口气看了25遍才依依作罢。第二天面对数学试卷时,神定气闲,不慌不忙,直到交出考卷。

原因及启示：

在张某某的家长惊讶和感慨之余，提出几点疑惑：第一，为什么你说的她能听，我们说的她不肯听？第二，短短十天，没加班，没辅导，数学学科提高的幅度为什么那么大？第三，最后的正式高考中她还能保持相应的水平吗？

我给家长的回答是：

第一，家长说的几乎全是抽象道理，例如细心、冷静、沉着、别慌张之类。这类说教她不但懂，还曾多次警示自己，但不见效，所以听不进去。我给她提供的建议具体可行，她又有强烈的提升动机和愿望，所以乐于尝试并坚持，因此愿意听。

第二，见效之快之大的道理就在于"纸上得来终觉浅，绝知此事要躬行"。"考试要冷静要细心"这类道理无人不知无人不晓，但是，抽象的理论要变成自觉行为，当事人的亲身体验、反复体验、深入体验是必不可少的。面壁重温的具体做法正是根据这样的认识规律安排的。生活中的"当家方知柴米贵，事非经过不知难"，都是人们对基本认识规律的实践和感悟。

这里还要指明的是，这种考分和名次的大幅提升，本质上不是水平和能力的提升，只是实际能力和水平的正常恢复。对于这种变化较大较快的情况，我以老师的身份，用"恢复"来表述更为确切。这样表述的积极意义在于：一是因为它接近真相，自然说服力强，因此当事人有了真正自信的理由和依据；二是打破了考试的神秘感和神圣感，让当事人始终抱有积极的阳光心态和理性判断；三是一个人在某方面的能力提高必然是个渐进过程,很难在短期内突击提高,人们可以相信奇迹,但绝不可以否认和违背规律。

第三,正式高考时分数很难一致,但基本水平不会有大起大落。因为人的悟性不是记忆,悟性具有稳定性和迁移性,悟性是理解的判断,是内心的体验,不会在短期内遗忘或迁移。这位考生以往的分数不是她的真实水平,是因为体验的功夫没到,不是态度不恭,也不是能力不济,而是因为展示或实现能力的心态没到位。这也正是传统教育为什么一再强调修身养性的原因所在。

当今的现实教育中,功利色彩太重,考试结果被当成评价人才的唯一标准,所以考分和名次被人们顶礼膜拜,卷面分一旦考低,就一低皆低,奖励和表彰都将无缘。殊不知,以人为本的教育思想其出发点和落脚点都关注在人身上,而为分数而考试的关注点始终放在结果上。见分不见人,是教学思想的短浅;以分责备人是教育思想的僵化和狭隘;见分不顾人,则是教育实践的盲目和悲哀。

个案二:别来此处最萦牵——关注试卷的分数结构

个案描述:

姓名:李某某,性别:男,年龄:18岁,年级:高三理科班,智力正常,预考合格。

基本情况:

1990年春天,李某某的家长,为了他能考取东南大学电力专业,专程去南京办了一张走读证明,以便享受到录取时20分照顾。李某某让家长担心的是预考虽然合格,但总分偏低,排名更是靠后,这正是倾力办走读证明的主要原因。

预考成绩单显示,数学、物理、外语三门成绩一直偏高(得分率在85%以上)偏稳,偏低的是化学、生物、政治,再看这名考生的神态,自信、沉稳。

转化策略:

第一,给自己一个正确的评价。

总分虽低,能力要求偏高的学科成绩并不低。根据物质结构决定物质性质的原理,考分低不等于水平低,更不等于能力或潜能低。考分低的学科不是能力不济,只是"苦功夫没下到位",功夫没到不是态度不端正,而是兴趣不太浓,时间和精力分布不当。

兴趣的浓和淡是感性认知,高三学生已近成年,懂得理性判断和理性选择,也懂得责任和尊严的重要和可贵。该生完全理解并诚恳接受了这样的分析和评价。这就解决了三个问题:首先找到了自信的理由,心态从此变得阳光起来;其次是有了明确的复习方向和思路,很快走出预考总分偏低的阴影，摆脱了偏低学科的干扰；最后是"知耻者近乎勇"，承认不足是弥补不足的前提，有了前提条件的确立，必要条件和充分条件的具备和落实，全是学生自己的事，也必须让他自己去做。

老师和家长不当的帮忙会越帮越忙，甚至到添乱也帮不出效果来。不少家长和老师虽然遇到过这类现象，但能够认真思考并切实解决的却不多见。这种遗憾希望尽快减少直至消失。

第二，靠自己改变低分学科。

家长和李某某接受了上述评价和分析之后，针对低分学科相对较多的实际情况，家长和李某某关心的问题是是否有充足的时间来弥补薄弱学科。这样的疑问普遍又正常，因为他们总是把分数的提升看得神秘又神圣，把能力的焕发想得迷茫又抽象。

分析后我们发现李某某的低分学科的产生原因主要是他对基础知识的梳理与归纳还没到位，而这种到位的效果取决于他是否自觉花时间去理解并记忆相关知识，其成效完全在他自身能够掌控的范围内。因此，他不但有可能把薄弱学科补上来，而且时间还很充足。至于自行补欠是否会影响或耽误其优势学科，这全是局外人的担心。

转化结果：

当年高考结果，东南大学相关电力专业投档线582分，李某某高考成绩是587分（当年高考学科为理科七门，总分710分）。走读证明宣布作废，考前的种种担心换成了考后最终结果的开心。

原因及启示：

关于分数结构的概念，可以从两个角度去理解，一个是不同学科之间的得分比例；一个是同一学科内部不同题型之间的得分比例。不同学科之间对于理解分析能力的要求是不同的。理解能力要求较高的学科，得分较高而且稳定，记忆能力为主的学科即使暂时滞后，最有可能是功夫没下到家，这类结构的学生评价要尽量客观，不能简单地用"聪明"或"优秀"之类的词语妄下结论，以防他们在"被赞扬"中沾沾自喜，有意无意地降低对自身的要求。不可否认，一些聪明反为聪明误的青年学生，很大程度上是被频繁的赞歌唱昏了头脑，涣散了斗志。这个悲剧不该重演，其教训也不该被忽视。

教学中常见这种现象：一个学生在做同一学科的同类试卷时，难度较大的试题往往做得很成功；但是能力之内的基础题却做得丢三落四，残缺不全。这样的分数结构和上述结构雷同，评价和引导的方向重点一定不要局限在智商的范围内，应该放在情商的角度上去考虑。

班主任和科任老师帮助学生转化成绩时，一定不能忽视学生表现在试卷上的分数结构。不论教育形势如何发展与变化，文化知识的学习和运用始终是提升人文精神的载体，也是指导实践训练能力的载体。文化知识作为前人的精神财富，其最好的传承方式就是教育。应试教育中最应该受到谴责和改变的是教育动机太功利，教育手段太僵化的问题。

个案三:枯木逢春犹再发——投入代替不了深入

个案描述:

姓名:陶某,性别:女,年龄:19岁,年级:高三理科班,智力正常。

梁某某,性别:男,年龄:18岁,年级:高三理科班,智力正常。

基本情况:

1994年5月下旬,陶某打算报考南京大学生化专业;1995年5月下旬,梁某某打算报考东南大学建筑专业。

这两名学生和家长共同的诉求是:志向不改,英语学科明显薄弱,得分率一直在70%左右,希望得到名师辅导,以成全自己的大学梦,专业梦,关键是名校梦。对此,我分析这两名学生的才智与才情都很优秀,英语学科的相对偏差都是轻度的情感障碍所致。在家长提出给他们寻找辅导时,他们只字不提自己的任课老师,问及英语学习情况时,多次流露对自己任课老师的不满甚至不屑。

西谚云:使人疲惫的不是远方的高山,而是鞋里的一粒沙子。持有对自身科任老师不认同的情绪,他们的英语学习很难主动积极,也很难持久深入。可以猜想,他们俩学习英语的过程都是在勉强被动的心境下进行的,英语成绩偏低,全在情理之中。

转化策略:

谚语说:"与其是无数遍地重温那个虚幻的玫瑰式的梦,还不如去一个静静的湖畔采一朵金黄色的野菊花。"问题症结找到了,解决的办法和途径也就明确了。三点一线的复习方式最适合此类学生。

三点是指一套做过的试卷,一套相关的课本,一本相关的资料;一线是指三份材料同时摆在面前,考卷居中,课本在左,资料在右。顺序是在考卷上发现和分析问题,在课本上处理知识问题,在资料上借鉴思路和运用等问题,自己处理不了的问题,抓紧集中好,再向老师提问。即整个做法是,一发现,二分析,三处理,四提问。其中分析是关键,没有分析,理不出真正的头绪。学习中,发现不了问题的学生是最大的问题,因为他缺乏对该类知识的思考,或者不曾深入思考过,所以提不出问题。这个说法是很有道理的。

转化结果:陶某在临考前十天向所选定的辅导老师提出26个问题,全都得到满意的回答,最终高考英语成绩为141分。非常巧合的是,梁某某都是自己发现问题,自己分析和处理了那些问题,并没有再找老师辅导答疑,最后英语高考成绩也是141分(当年高考英语总分150分)。在考前的短短一个月时间,陶某和梁某英语成绩提升了30分以上,分别被心仪的南大和东南大学相应专业顺利录取。

原因及启示:

这种主要依靠自己的力量集中突破的做法,看起来似乎有着神奇的效果,其实并不神奇。我们从中受到的启示有:

第一,明确的动机可以激发学生的主动精神。

临近选报志愿了(当时都是考前填报),他们对心仪的大学和专业由意向变为行动,看看自己的英语成绩,简直就是他们通往理想大学的最大障碍。障碍不除,梦想落空。这正是他们乐于接受集中突破这一做法的内在动力。与以往相比,他们都发现过英语学科的薄弱,但是大约110分的成绩,自认为勉强过得去,没有意识到这个成绩与自己梦想有很大差距。一旦他们发现英语学科的突破将有利于他们实现梦想的时候,他们便乐于接受集中突破这一做法。当事人还没主动行事之前,局外人最该做的是点燃他们内心的火花。这应该是最深刻的启发,不论于家长还是于老师。

第二,集中突破的方法明确,目标明确,复习的针对性就强。

忙乱和随意自然减少,所以成绩提高很快。这正是集中突破的威力所在。集中突破的方向直指做过的试卷,目标就必指向大量的重复出现的低级错误即能力以内的各种失误,要求一定是深入分析具体又真实的原因,最后用自己的方法处理有把握的问题并提出没有把握的问题。

集中突破一改以往对试卷漫无边际的评讲,"就错论错"的订正或总结,实行有针对性的深入思考和领悟,由治标到治本,威力就是这么有序又必然地释放出来的。

第三,集中突破的优势分析。

面对狂轰滥炸的题海战术和重复训练的机械做法,集中突破敢于挑战,敢于说不;面对苦行僧式的大消耗小收获的结果,集中突破,善于调整自我,不怕吃苦,但不吃没有收获的无谓之苦;不怕埋头,但埋头是为了直面反复出现的大量低级错误。集中突破乐于从战略高度体察它的大局意义、现实意义和深远意义,因而学生也就乐于从小事开始,从规范开始,最根本的,是乐于从做人开始。

省时、省力,疲劳战被解除,重复训练盲目训练被限制;效率却成倍提高,效果又轻松到来。与花钱如流水的盲目家教相比,跟絮叨不停地说教相比,和疲惫不堪的题海和熬夜相比,集中突破的魅力是无穷的。

长期迷信于课内加班课外辅导的家长和老师们,应该问问自己,所有的复习,没有针对性,哪来的效果?

个案四:听唱新翻杨柳枝——一份新奇的假期作业

个案描述:

姓名:孙某,性别:男,年龄:18岁,年级:高三,智力正常。

基本情况:1994—1995年度的寒假第一天,孙某在家长带领下来找我,讨论最迫切的三件事,让我给出建议:第一,十天寒假,集中辅导哪门比较好?第二,如果参加辅导课,作业恐难完成,怎么办?第三,高中最后一个寒假了,虽只有十天,毕竟相对集中,还能采取更有效的手段提高文化课成绩吗?

应对策略:

每个人都可以让世界变得不同,应该尝试(约翰·F.肯尼迪)。我给他提出的应对策略是:第一,十天寒假,先给自己放足三天,即除夕、初一、初二,不看书,不做题,轻松愉快玩三天,这个要求不许打折;第二,五门课程的寒假作业一门不做,一字不做。负责布置和收缴作业的老师那边,全部由我交差,保证不会有任何批评责备或误解之类的事发生;第三,三天以外剩下的七天时间,只做一件事:重温高三上学期五门学科五次月考的试卷。重温的要求是——

心态:平心静气,心无杂念;

范围:基础题范围之内,一点不漏,一处不漏,少量难题,忽略不计;

顺序:一发现、二分析、三自处、四提问。重点在分析和提问。分析越透,失误越接近真相,提问才越有深度。

告诫：重温不该在订正上下功夫，不该只满足于被别人讲懂（听懂）。该下功夫的是理清失误的来龙去脉，让自己有深切的感悟。

家长和学生在用有几分惊奇又有几分迟疑的目光和我交流，我完全理解他们的神态和心情，肯定地告诉他们：坚持做起来，不必再讨论。

时间到了高三下学期3月中旬，那位家长用兴奋、惊奇、高兴的语气在电话里告诉我，她的孩子第一次考到564分，恳切又强烈地要求再见孩子一次……

她的要求是好理解的。1994年，理科一本线为580分，二本线为550分，1995年理科总分仍然是750分，可高三上学期五次月考，她的孩子只有一次最高纪录486分，其余四次平均在450分左右，与上一年本科录取线相比，家长和孩子的内心充满了焦虑、困惑、迷茫和无奈，寒假后的这一次巨大突破，让他们惊喜之外更有几分担心，担心"好运"稍纵即逝，担心成绩反复无常。

担心的原因除了孙某基础知识薄弱外，还有对这次巨大突破的想不通。为了安抚他们的内心隐忧，我当即答应二次面谈。面谈之后的对话中，侧重说明以下几点理由：

第一，由于基础较差，进入高三以后的历次测试，都是在担心和胆怯的心境下进行的，不可能考出真实水平。凡事不要先说"我不会"或"不可能"，因为你根本还没有去做。

第二，进入高三以后，那种大剂量快节奏的训练模式，让好多学生无暇梳理基础知识，无暇舒缓自我，一直在被

104

动的状态下紧张度日,基础不扎实的学生更是疲于应付,岂能考出实际水平?

第三,上学期的五次月考,每一份考卷上都有不少是会做但失分的。过去都是到订正为止,从不去深入思考来龙去脉,也不真切感悟到底是为什么错的。寒假七天,他完成的是一份特殊作业,即把考卷上基础题范围内的大量失误,全神贯注地、平心静气地反复重温,真切感悟,这正应了"温故而知新"的常理,这次全面而彻底的"温故"促使他把教训转化成经验,从而成绩有了重大突破。

第四,这次突破不是一夜暴富,更不是侥幸取胜,而是悟性的提升,是自我调控能力的高度体现,因此不存在时过境迁,也不会出现成绩大起大落的现象。家长和学生不仅可以放宽心,还可以推断最后高考应该很有把握达到二本录取分数线。

第五,今后的复习要围绕基础题展开,个别难题可以忽略不计。为了吃透基础题,孙某心态要阳光,思路要清晰,功夫要落实到位。

转化结果:

高考揭晓了,这位学生的成绩为541分,当年的理科二本线为535分,他最终被淮海工学院录取。本科四年,他从不懈怠,毕业即考取东南大学精细化工专业的硕士研究生。毕业后供职于上海某研究所,事业和家庭堪称美满。

遥想当年高三的时候,所有任课老师对他能否考取本科甚至大专都持怀疑态度;就读大学本科的时候,身边人对他的东南大学研究生梦几乎都是冷眼相待。

原因及启示:

这个学生的成长经历告诉我们,整个基础教育即中小学阶段,他既非才智过人,也没聪颖早慧,就是一名不显山不露水的普通少年。应该说,他的转机是从高三寒假开始的,也就是从那份不平常的寒假作业开始。短短七天寒假,何以爆发如此巨大的威力,这是必须关注也是最值得研究的课题。

第一,应该彻底摒弃"见分不见人"的想法和做法。

这位学生的幸运之处就在于他能接受切合实际的帮助。否则,被边缘化被放弃的可能性是很大的。当今世界,社会生活的不少领域,总会见到一些学业平平,但事业出众的人,学历不高能力很强的人,这很可能和考试制度的缺陷有关,更有可能和见分不见人的教育思想有关,因为他们当时考分平平,老师对他们又疏于开发和引导,渐渐走向边缘化了。在现实教育中,有许多学生无形的潜能被埋没,被忽视,是该让每一位教师警醒了。

第二,帮助人的前提是了解人。

应该说,我同这位学生的接触是从初三上学期开始的。他的诚实与厚道,朴素与善良,谦卑与拘谨,是我对他的整体印象。才智不算出众,但不是智力低下。我认为人品的高尚完全可以弥补智力差异的不足。正是出于这样的评价和判断,即使他在高三上学期学业一直处在低谷阶段,我也从没有放弃对他的潜能的激发。

第三,即使处在学业的低谷阶段,也不言放弃。

每次考试过后,孙某都能清楚地说出自己非能力失分的种种具体表现,说明他的学习状态一直是清醒的。正因为有了这些了解和判断,我借助寒假的机会,让他在没有任何负担的心境下,集中对做过的试卷仔细梳理,深切感悟,反复体验,这种做法应该是符合实际的有成效的引导和帮助。

孙某也正因为精神被彻底唤醒,才获得最后的成功。这个案例还告诉我们,不要轻易对任何考分偏低的学生的前途妄下结论,轻言放弃。同样,那些不痛不痒的说教,不闻不问的冷漠,只是变相的放弃而已。

个案五:待人岂能理想化——消除师生情感障碍

个案描述:

姓名:相某某,性别:女,年龄:18岁,年级:高三理科。

基本情况:1997年5月,相某某的父母陪着她一起来和我讨论填报高考志愿事宜。首选志愿为南京国际关系学院,当年的理科考试学科为五门,语数外理化,每门各占150分,总分750分,五门学科中,四门水平正常,可以选报心仪的高校。

不正常的一门是化学,考分一直偏低,很少有100分的记录,远低于数学、物理、英语三门的单科成绩。按当年的情况,化学学科相对薄弱,足以影响她所选学校的录取,想放弃名校却又心有不甘。

是什么原因导致化学学科的现状呢?家长的说法明确又肯定:在家里只要提及化学老师,孩子的反应就很激烈。她对化学老师的评价是"犯嫌、够人、碎嘴、讨厌"。这样的评价不是偶尔的一次两次,是高二和高三两年,可见师生之间存在情感障碍已确定无疑。

应对策略:

有谚语云:沿着别人走出的道路前进时,应该踩着路边的荆棘,因为这样走多了,就能使道路增宽。对她的问题解决措施如下:首先是要帮助她消除障碍,恢复水平再实现梦想。我们开始了交谈:班内化学测试考分在130分以上的人有吗?有。多少个?十几个……这两个数字说明:第一,化学老师的教学状态没有问题,是一位很负责任的老师;第二,老师的教学水平足以胜任自己的教学岗位。我问他你对这样的评价认同吗？他的回答是："认同，完全认同。"我说："化学低分的责任不在老师，也不在你的能力缺陷或基础缺陷，而在于你的心胸狭隘和思维方法偏执。当你长期以理想化标准要求老师的时候，你就很容易降低对自己的要求。最终损害的不是别人，往往正是自己。因此，你的真正教训不在看得见的化学低分，而在怎样处理好人际关系，尤其是和化学老师这类人际关系。要学会宽容与包容，学会用理性思维来判断谁是谁非。总之，学会与人和谐相处是当务之急，也是长远之计。"

最后征求她对这段评价有什么想法和体会时，她用少有的诚恳和认真向我和她的父母说："是我错了！"见此情景，她的父母一边庆幸找到了问题的症结所在，一边还是不放心地问，化学成绩能否尽快有改观？学习时间还够不够？请哪个老师辅导最容易见效呢？

他们的担心和疑问都是冲着我提出来的，我的回答是针对他们一家三口的，因为最终的希望属于他们。

第一，时间不要50天，15天就足够了；

第二，所有的辅导都属于多余，她的学习能力足以保证她恢复到应有水平；

第三，原本心仪的大学还填第一志愿，不要放弃，也不要挪动顺序。

面对他们兴奋又迟疑的眼神，我将三条结论一字不落地重复一遍……

转化结果：

7月下旬我得到的消息是，她的化学高考成绩为138

分,高考五门最高,高中三年最高,她的家长表扬我谈一次话提升几十分,我只承认是学生恢复了应有水平,不存在什么提升。8月下旬我得到的消息是,她被心仪的大学和专业高分录取。十多年后我得到的消息是,她被派驻在中国驻欧盟大使馆工作,事业和家庭都很美满。

面对无处不在的潜能,面对人人拥有的潜能,总是还有那么多家长和老师习惯于唱抱怨戏,满足于敲膛边鼓,是该学会寻找投簧的钥匙了。

个案六:剑走偏锋也精彩——奇迹背后的真相

个案描述:

姓名:唐某某,性别:男,年龄:18岁,年级:高三文科。

基本情况:1995年毕业于普通初中,中考成绩为398分,只能勉强达到普通高中的录取分数线。因为当年的合作办学背景,最终以借读的方式就读于名校高中。基础差,这是不争的事实。进入高一以后学习很吃力。高二分科进入文科以后,放下物理和化学两门沉重的包袱,本指望成绩有所改观,却不料,数学外语两门学科,依然捆住他的手脚,堵住他的思路,拖累他的精神。从高一到高三下学期的5月上旬,成绩排名倒数第一是多数,倒数第二很难得。750分总分,若干次训练测试结果,数学、外语没有及格记录,总分最高一次为450分左右,最低一次为390分左右,多数在420~430分之间徘徊。这正是选报志愿时老师和家长只把师范大专当成最高目标的原因。成绩平平,这是所有老师对他学业现状的一致看法。因此,老师们对他的帮助基本上停留在口头鼓励和祝福上。但是,这名学生的诚实厚道,谦虚勤奋在老师和同学之间是有口皆碑的。况且,他的测试结果,会做失分题量和重复失分的题量相比,前者占比还很大,这正是潜能所在。

家长和我约谈的时候,侧重两件事:一件是报考类型,一件是志愿的初步设想。这两件事,只要10分钟就可以说清。因为文科考生,外语至今没有及格记录,只能选报文史类,选报外语类或外兼文都没有意义(当年的考生类型在文科范围就是这么划定的)。关于志愿的选报,更为简单,一本二本只能选师范类,而且都要放在第一志愿;大专其实也能选师范类,考虑到考生对师范类院校的认可和接受都显得勉强和无奈,所以大专第一志愿可以选择非师范院校,二三志愿则还要回到师范类。

家长本以为,这两件事的答复都明确清楚,而且有理有据,应该坐等考试结果了。可是一想到结果,一颗悬着的心又被高高吊起。"最终会怎样呢?"像是在自问,更像在问我。根据这名学生的人品优势和他平时训练的考分结构,我判断他的潜能还没有完全释放出来,便约定当晚和他见面,希望能走进他的内心,点燃他的希望,给他一些具体的思路和做法。

应对策略:

我们的对话是从学业评价开始的,主要包括:动态看分数,才能看清楚。因为一旦减少低级错误失分(当时叫会做失分),就恢复了真实水平分的原状。会做失分又主要和临场情绪有关,情绪正常,内心平静了,人的认知水平就基本还原了。人品厚道的人具有接受合理建议和主动学习精神,他们一般不拒绝善意的建议,学习做事也不会三心二意。所以,帮助他调控好情绪是快速见效的事情,给出合理的复习思路和具体的复习方法则是快速见效的行为保证。

那"脑袋里的智慧,就像打火石里的火花一样,不去打它是不肯出来的。"(莎士比亚)终于,他走出了沉重的作业负担,放下了痛苦的考试压力,找到了自信的理由和根据,长期的迷茫和困惑,被动、无奈和挣扎统统为之一扫,剩下的就是回到考卷中深入感悟，回到课本中消化以往那些含糊不清的基础知识。他获得了心理的轻松和学习的主动，成绩快速提升，既是水到渠成，又是顺理成章。

转化结果：

1998年高考成绩揭晓，原本连师范大专都毫无把握的唐某某，成绩居然与文科一本控制线吻合，被南京师范大学录取。消息传出，熟悉的人皆万分意外，一致认为，这就是奇迹。

这个案例启示我们：

第一，欣赏优生没错，歧视或放弃差生肯定错上加错；

第二，教育教学工作都应倡导雪中送炭之风，纠正锦上添花之偏；

第三，帮助学生树立自信心的首选做法是先减轻过重的作业负担，再从考试评价中让其发现自信的理由和根据，还要在反复成功中提升和强化自信的信念。

第四，学习长期处于困难状态的学生，内心的压力一直很大，自尊心、羞耻心经常受到考分和名次的挑战，情绪多处在压抑之中，容易敏感和多疑。对于这类学生的帮助，成年人首先要放下身段，设身处地，走进他们的内心，做他们值得信任的朋友，帮助他们慢慢抬起头来。最忌讳的是冷淡，是不痛不痒的说教，是急功近利地忙着规定考分指标。

个案七:共禹论功不较多——害人的考分指标化

个案描述:

姓名:汪某某,性别:女,年龄:18岁,年级:高三理科。

基本情况:2001年暑假,汪某某高考考分超过清华大学投档线7分,关键时刻改填了志愿,万分遗憾地与心仪多年的最高学府失之交臂。她是一名德才兼备,品学兼优,气宇超凡的女才子。进入初中开始,就怀揣上清华大学的梦想。顺利升入名校高中以后,不但有梦想的推动,更有脚踏实地的努力,肯学、好学、会学在她身上充分体现,智力、体力、毅力她能驾轻就熟,操控自如。论成绩,高中三年一直是全年级的佼佼者;论气质,超凡脱俗,落落大方。

也许是大树经不起强台风,问题也就出在高三。先是参加南大强化班考试失手,还在困惑和迷茫之中,又要进入被说成是极有重要意义的全市统测的模拟考试结果从以往的全年级一、二名,居然排到了一百多名。汪某某在老师和家长的惊讶声中充满不甘。

我们交流的时候,汪某某告诉我,再看南大强化班的入学试卷,眼前一片明亮,脑中一潭清水,几乎没有不懂不会的。可是在考场上,头脑一片空白,不知从何下手。全市统测做数学卷时,第五道选择题一时思维短路,总以为难题不该出现在前面,又急又烦地抠了二十分钟,结果连后面全懂全会的6、7、8、9、10五个选择题合计六个全错了。仅此选择题一项,多扣了十八分,一向喜欢数学、享受数学的心情受到了空前的打击。

这些现象在考试过程中很常见,对有经验的教师而言,没有陌生感,但对这样一位学习上一直很强势的女孩而言,反差太大了。她又不能从根本上解释清楚,说服自己。敏感、多疑、胆怯、迷茫等各种消极心理就跟着出现了。

原因分析:

强化班考试失手,模拟考试还失手,其实都是失了"心"。推荐去南大考试期间,她听到的是志在必得,实力足够,要为学校争光,不要辜负老师希望等。内心想到的是考验自己的时机到了,一定要光荣而去,满意而归。大有慷慨赴死,不成功也成仁的壮士断腕之情怀……很显然,她不是去考试,她是去履行神圣的使命;她不是轻装上阵,她背负着只能成功不能失败的精神包袱……冲杀的口号,豪迈的誓言代替不了复杂细致的脑力劳动,感恩图报的用心化解不了一往情深的目标期待。面对完全陌生的考试环境,"头脑一片空白"的感觉,就这么不期而至了。

返校后的全市统测,被说成是临考前的实战演习,其结果直接影响志愿选报,直接反映真实水平。她心想,补偿的机会到了,扭转颓势的机会也来了,又是回到熟悉的环境考试,应该如鱼得水。于是,对这次考试的期待越发强烈起来,不容许有丝毫闪失的念头也跟着强烈又固执起来。正是这样的心理作祟,考试过程的客观要求统统被这些强烈的主观愿望所打乱,她因为一个选择题的暂时卡壳,马上就自乱方寸,也就不足为奇了。

她不但完全认同我的这些分析,而且充分理解。对于6月份的最后一次模拟考试,我给她三个建议:

115

第一,理性评价上述两次考试。变化的是分数和名次,实力和水平皆没变。变化的原因是把考试结果过于理想化、绝对化了,无意间强化了自己的心理负担,干扰了考场应有的心理平静和思维严谨。要求她最大限度地看淡结果,平静从容地面对过程。

第二,人的头脑即使面对一些简单的问题,也可能出现短暂的抑制。因此,在考试时碰上一时不顺手的题目,本是正常现象,这也是常识。遇到这种情况可以做暂停处理,先做后面有把握的题目。获得了成功的满足和喜悦之后,受抑制的思维自动被打开,再看原先的障碍,说不定是简单到让你好笑的程度。

第三,要彻底摆脱前两次考试失手的阴影。不是要发多少狠誓就能奏效的,而是要冷静地回到当时的失误中,反复体验,深入感悟,及至看透当时失误真实具体的原因,才能最终战胜考前的强烈期待,代之以平和的心态,严谨的思考,这样才能在考试中发挥应有的水平。

6月中旬的最后一次统测,终于恢复了她的一贯水平,家长和老师为此都松了一口气。到了选报志愿的环节,我们从清华大学的往年录取标准,到这位考生厚实的功底及眼前的精神状态,多角度全方位地论证了选报清华的可能性与可行性。讨论不下五次,最后一次已是夜晚十点多钟,考生一家三口意见完全一致:一本第一志愿选报清华。

然而,就在涂卡前的不到一分钟,两次考试不顺利的阴影又鬼使神差般冒出来,动摇了她不够坚定的心,拽住了就要落笔的手。令人遗憾让人窝囊的结果还是出来了。

　　这不是潜能大释放的故事,应该是潜能被压抑的故事。它的意义在于,我们不但要相信潜能,发现潜能,挖掘潜能,实现潜能,还要特别留神如何防止潜能被压抑或扭曲。潜能被压抑通常有两种方式,一种是受到不平等不公正对待时;另一种是潜能被放大甚至被绝对化的时候,让行为目标超越了当事人的心理负担。当事人的自信一旦被神圣神秘的心理预期所纠结,所困扰,其心智必然被干扰,其心境必然冷热不均,其行为必然摇摆不定,其结果当然凶多吉少。

　　这类压抑潜能的方式具有很强的隐蔽性。因为它们都是在美丽动听的语境之中,情真意切的神态之下,打着鼓励和欣赏的旗号,以长辈的身份,过来人的经验,被光明正大又理直气壮地兜售给学生,让孩子们难以拒绝,所以同时又在某种程度上沾上了欺骗性。

　　这个弯来绕去的故事让所有人为之惋惜和叹息的原因,似乎就在最后一刻的举棋不定上。其实这只是看得见的直接原因,看不见的间接原因应该出在考分指标化上。因为指标没在预期之内,又不知道动态看分数,所以自信被怀疑,所以举棋不定,患得患失——这应该是关键原因。

　　考分指标化的要求源自何处呢?源自僵化的思维方法没被彻底批判和放弃过。考试过程是复杂的脑力劳动过程,必然受到各种不确定因素的制约和影响,任何意外的情况都可能出现或发生,这些都不是由良好的或者强烈的主观意愿所能预测所能决定的。考分指标化是对考试结果的预期和要求,不是对考试过程的运筹,而结果永远只是过程的结果,结果本身不可能决定结果。这是不能颠倒的逻辑关系。

考试指标化放大了对结果的预期,美化了对结果的要求,强化了对结果的实现。这一切便是学生的心头之重,因为他们的情绪心境全都压在结果上,过程终于不能有序进行,不能理性展开。事与愿违的结果就这么自然又必然地出现了。

害人的考分指标化、绝对化,传递的永远是压力,不是真正的动力。有压力才有动力,不是永远的真理,因为过度的压力很可能是破坏力。

过度的期望带来多少无奈、无情和无望,我们不必追求一个精确的数字。我们应该讲究的是在自己的教育生涯中记住这些教训,不让他们在身边重演。

个案八:一个潜能不曾被发现过的人

个案描述:

姓名:刘某,性别:女,年龄:18岁,年级:高三理科。

2010年4月28日晚,刘某由父母陪同和我讨论考前复习和高考结果预测这两个问题。

当时的学业情况是,她就读理科班,选考学科为物理和生物。截至当时,历次测试结果,语数外三门总分480分,这名学生的最高纪录是282分,多数在240~260之间。选考生物有A有B,选考物理,高中三年没有B记录,非C即D。面对这样的测试评估,家长对她的高考预期无奈地定位在三本或大专院校,而其他人对她就连三本都不敢奢望。按照上两年的划线标准,老师和家长的预期都合情合理。可是,有谁内心是情愿认输的呢?

对她目测和初步交谈的结果,三种印象真实又强烈。其一,谈吐不俗。对自己的学业现状敢讲真话;其二,智力正常。基础题失分几乎全是非能力失分;其三,中考基础还算比较厚实。如此现状,对高中学习既无心理准备更无行为准备,学习主动和深入无从谈起,便是根本原因。三个印象一个结论:她的内在潜能既没被发现过,更没被开发过,大家都在"望天收"。

我和她梳理考分时发现她的知识类低级错误大于操作类低级错误,问她看书情况时,她答:"从来不看书。"为什么呢?她把"完成作业"理解为就是全部完成老师布置的任务了。除非指定必背的内容,其他基本不读,也就谈不上坚持阅读的说法了。她在试卷上表现出许多知识类的低级错误,而且习以为常。从来没有深入思考过。

多数人都拥有自己不了解的能力和机会,都有可能做到未曾梦想的事情(戴尔·卡耐基)。根据她的现状,我和刘某一起制订了适合她的复习方案。

第一,真正理解基础题决定大局的道理,并且对照自己的能力,看看大局范围内有没有自己能力达不到的东西。这样的安排首先看清了方向,同时感受到了树立自信心的有理有据。

第二,回到考卷重温种种非能力失分的表现,感悟真实失分的原因。这是极其关键的一步,必须心诚意坚,必须耐得住寂寞和单调。

第三,回到课本梳理基础知识的系统性,弄清知识的准确性,还要理解知识的深刻性。这是回到课本的必备要求,也是根本要求。

第四,回到考卷和回到课本都不是简单的重复,一定需要深入的思考。要想两个"回到"有很好的效果,必须兼顾内心。回到内心有两层目的,先看有无比较深的感触,没有感触的"回到"等于没到。还要知道犯下那些可笑的低级错误时真实具体的心境是怎样的? 又为什么会是这样呢?

总之,凡行皆随心。不论平时学习还是最后的复习,不论方案如何缜密有序,当事人的心境、心意、心态都是相互作用的,忽视了那颗心,所有的忙碌很可能都在瞎忙。

大约是5月20号前后,这位学生主动与我约见。她告诉我最近一次模拟测试,她的总分考到了312分,自己大为

惊喜,别人刮目相看。她问我最后十多天还该怎么做。我给她三条建议:

第一,惊喜之余不要给自己层层加码,一旦从结果出发,必然会对过程产生干扰。

第二,书面作业减少到最低量,只要保持手感不生疏,思维不僵化,这样的训练量就适合。考卷和课本的重温必须有足够的时间和精力做保证。

第三,对于考卷和课本的重温要做到范围慢慢缩小,程度渐渐加深。即大量知识漏洞在重温中已经弄清并且掌握的,就该主动放下,把时间和精力向还不够清晰不够踏实的地方转移,到见效为止,这就叫缩小范围。课本和考卷上的基础题,也还有些不透彻、不踏实的地方,这就要在程度上深入一步,弄懂为止。

程度上深入一步是从功夫和效果的关系讲的。一定要和难度区别开来。极少量超过自己现时能力的难题,既无马上突破的可能,更无妨碍大局的风险。在有限的时间内做力所能及效果又显著的事,永远是上策。

在此基础上,还给她一些时间安排上和劳逸结合上的建议等:

当年6月24日下午4点多钟,我接到刘某爸爸的电话,告知她的高考成绩为332分,超过二本分数线4分,物理等级为B,这是高中三年物理考分最高纪录的第一次,最后一次,还是唯一一次。最后被外省一所大学的土地规划与管理专业录取。

听了不少恭维话之后,我诚恳地纠正了家长的两种说法,一种叫分数提高幅度太大,速度太快,简直让人不敢相信。我的表述不叫提高,叫恢复。因为她本来就具有相当的实力和潜能,只是以往没有深入总结和汲取教训,能力没有充分展现而已。另一种说法是抱怨孩子以往的态度太不认真。我的表述是,在她并不完全知道从哪里认真往哪里认真的时候,成绩考不出来的责任,完全由孩子承担,显然有失公平。

因此,这一个案例留给我们的思考,也许更深远。两次接触中,孩子无意中谈到了她在学校的一些情况。她是新四星高中的普通班学生,和几个明星班比较起来,考大学的梦想挂在嘴上的多,变成行动的少,变成自觉行动的更少。因为大家都知道,普通班能有几个考取二本以上大学的。所以老师也在讲课,也在布置作业,也在要求大家好好努力;但是怎样努力,往哪个方向努力,他们只是觉得上课不讲话,作业按时完成,已经就是努力了。怎样努力,按什么标准朝哪个方向努力,从来没有认真想过。更不知道自己还有多大的潜能可供开发。

听她这样的叙述,我们当然应该思考更深更远些。

第一,自卑的身份定位尽管于法理情理无据,但是它对人的尊严的忽视对人的才智的封杀,却是客观事实。以考分划分班级,划出了等级森严,划出了身份贵贱,自然也划出了心灵的封锁。

第二,班主任个人力量改变不了身份定位的现状,但绝非无所作为。打破定局论,动态看分数,让学生走出分数定位的阴影,迈向自信的台阶,这就是有所作为。

第三,发现潜能,挖掘潜能,引导潜能,逐渐实现潜能。这是有所作为的基本途径。

第四,问题在于,那么多有潜能的学生,在大多数时候没被我们发现;即使有所发现,也多止于承认聪明,又在"不认真""不用功""不刻苦"这些有些惋惜和抱怨中被丢弃了。社会上有许多学业不显眼事业很出众的人,我们可以用很多理由去解释,但他们在学生时代潜能没有被有效开发,应该是个重要原因。

第五,发现潜能的根本问题,是信念和信仰问题,挖掘和引导潜能不过是方法和技巧问题。

我们在分析学生的考分结构时,曾经提出过卷面分、水平分、潜在分三个概念。潜在分概念的提出,就是从理论和实践的结合上认定其根据的。发现潜能首先要相信潜能。持天才教育观的人只承认天赋,不承认潜能,所谓天生就是那块料,你能怎么办? 持定局论教育观的人也有理由,多少次考试都那样,还能抱什么希望呢? 速胜论者也振振有词,多少次和他谈了,结果还这样……

这些说法和做法,都是潜能虚无论,潜能怀疑论,在这样的认识支配下,有那么多的学生那么多的潜能被耽搁、被流失、被浪费是不足为怪的。

因此,这个案例给我们最深的启发,必然是信念和信仰问题,而不是具体的做法和技巧问题。正如许多学生总是从方法和技巧的角度谈学业,而忘记或忽视了功夫的深入和到位。

同样,成年人对未成年人潜能的发现和引导,也不是就事论事那么简单。知之深,行之坚;知之透,行之准;知之准,行之切。这是普遍的知行关系,也是通常的认识程序。一个人对他要做的事认识越是深刻透彻,他的行动就越不会轻易动摇,也不会在众说纷纭甚至冷嘲热讽中退却。认识越透彻其行动就容易准确到位;越是准确到位,成就感越强烈真实。这就是良性循环。到了这种境界,人的激情早被点燃,人的精神已被唤醒,人的才智又被装上了理性的翅膀。人有了这样的精神状态,还能有多少困难不能被克服呢?

总之,发现和引导潜能的出发点一定是对潜能的相信和坚持,开发潜能实现潜能则是必然的落脚点。至于开发潜能的基本做法又该从何入手,我们在《学会评价,教会成长》一章中已有详述,大家完全可以参考。

有人问那么多个案的神奇效应多数表现在考前复习的重温与感悟之中,这又应当如何解释呢?

首先,心理学常识告诉我们,需要产生动机,动机体现需要。到了临近考试阶段,学生对考分的需要空前强烈,对增加考分的做法也就空前认真和严肃。老师要求的重温和感悟也就容易被认可和接受。

第二,到了临考前夕,加班加点的疲劳作业,语重心长的励志说教,早已不是考分的增长点,增长点必须到曾经的教训中去发现和克服。这就让他们有了新的兴奋点。

第三,曾经的教训略加梳理,再来一番感悟和体验,教训很快转化成经验,那么多的低级错误便在新的测试中减少甚至消失。成功的体验进一步唤醒他们深入重温,全面重温,很短的时间内他们进入了考前复习的良性循环。

第四,这种低投入高回报的行为结果,符合人类活动的共同规律,追求效应最大化。这和经济学中小成本投入追求利润最大化一样不可抗拒。

第五,"温故知新"这个成语之所以至今仍有强大的生命力,就是因为它所揭示的认识规律仍然在指导着亿万人的学习实践、工作实践和生活实践。

这种对曾经教训的集中突破,威力如此巨大,魅力如此诱人,它是事半功倍之因,它是复习奇效之源。为什么总有人不屑此事? 很可能太相信自己那一点聪明;为什么还有人不懂此事? 很可能因为思维固执。

让我们一起共勉吧。

我不去想是否能够成功/既然选择了远方/便只管步履匆匆

我不去想是否遇到风雨/既然目标是地平线/留给世界的只能是背影

我不去想教育是平坦抑或泥泞/只要热爱教育/一切,都在意料之中

内容提要

　　班主任和学生家长的交流与沟通,是必修课,不是选修课;是必答题,不是选择题。因为班主任教育教学工作的成败得失,从来都和家庭教育紧密关联。

第七章　和家长的交流与沟通

第一节　必修课理由种种

　　首先,当我们天天欣赏那些品学兼优活泼可爱的孩子时,就应该十分理性地告诉自己,那是家长送给你的礼物。那些孩子为什么活泼可爱,诚实可信,根据家庭是性格的摇篮,是品行的模具这一原理,我们清楚地知道,那是家庭教育的结果,那是启蒙教育的贡献。那是家长在为孩子做出的榜样,那是家长在践行的育人之道的大道。

　　因此,与这类家长交流,必修之外还要加上主动。用学习的态度与之交流,当是向社会学习的应有之义。

　　其次,教育孩子是家庭与学校的共同责任,但不是平摊责任。以学校教育为主的教育责任,一定要有家长的认可、配合和支持,否则,很难完全实现。例如,优秀传统文化的坚守与发扬,光有学校教育的名正言顺,没有家庭教育的潜移默化,循循善诱,效果至今不够理想。即以谈吐举止文明的实行与实现为例,学校教育固然还有不少改善改进之处,但家庭教育的严重缺位,恐怕难辞其咎。那么多粗鲁、粗俗、粗鄙的言行,发生在大庭广众面前,已够憋屈,还要到国外去丢人现眼,情何以堪!那么多中国梦里是否该加一个文明梦呢?

家长是家庭教育的主体,家长的文明修养程度,完全可以借由学校教育的力量,通过家长学校的渠道,获得帮助和提高。班主任是所有家长学校的天然老师,传文明之道,授文明之业,解不文明之惑,当是职责所在。

第三,冰冻三尺,非一日之寒。震惊的结果,更非一因所致。出现在学生身上这样那样的问题,要获得真正彻底地解决,寻找真实原因和具体原因,尤其是根本原因,必须有家长的倾心倾力,否则难见其效。家长何以倾心倾意?精诚所至,金石为开的交流与沟通,是必备的条件。

第四,站在专职班主任的角度,面对一茬一茬成长的青少年群体,积累了不少育人之道,这是很可贵的。大多数非专业教师出身的家长,能以交流和沟通的方式,分享学校老师所言,于老师角度,就是职责所在,价值所在,贡献所在,因而更是快乐所在。

第五,发现问题、分析问题离不开与家长的交流和沟通,到了解决问题的环节,就更不能离开家长的配合了。交流既要及时,还要准确,既要完整,又要有轻重缓急。

如此看来,身为班主任,与家长的交流与沟通,不存在可有可无,不存在可退可让。从走上这个岗位开始,就要做好上好必修课答好必答题的充分准备。即:心理准备,坚定信念;行为准备,脚踏实地,坚守执着。

第二节　必答题名堂不少

懂得交流和沟通的必要性,就必须要考虑交流和沟通的合理性、科学性,最终实现教育的最优价值。

一、平等尊重　一视同仁

家长向来都是社会群体,这个群体中有官有民,有富有贫。他们的孩子有的优秀出众,有的平平常常。尤其是学习成绩,高分的孩子让家长扬眉吐气,低分的孩子让家长低声下气不敢见人。

这种客观存在的差异,随时都在考验班主任老师的基本人品。以貌取人,身份取人,这些势利的眼光和做法,是一切交流和沟通的大忌,也是班主任与家长交流和沟通的大忌。面对有差异的家长,人为地表现出亲疏冷热,满足的是自己那份可怜的虚荣心,伤害的是相关家长的自尊心。所有的班主任老师,尤其是名校的班主任老师,千万不要把家长对自己的谦卑和尊重,作为自己妄自尊大、盛气凌人的理由。

平等尊重,一视同仁,这是答好必答题的首要原则。

二、学会打好预防针

青少年在成长过程中,不同阶段的身心特点是不一样的,学业水平的要求是不一样的,个人的兴趣爱好擅长特长是不一样的,不同阶段的递进过程中,个人的学业基础、认识基础和心理基础是不一样的。这么多的不一样加在一起,就会和一个一样的东西构成矛盾。那个一样的东西叫教学进度,这几乎是全国都一样的。怎么构成矛盾的呢?性格不稳重作风显轻浮的人,责任心自尊心不强的人,在新的学习任务和评价标准面前,常会知难而退,不求进取,还会为自己制造借口。学业的分化一旦失控,精神涣散,行为涣散相继出现,网吧电子小说玄幻小说等很快成为精神追求或寄托的空间。时间一长,品学兼优者沦为品学皆差者,本来就偏差者变得自甘落后,没有上进之心,只有混日子思想。基础教育的各级各类学校中,那么多分化后的不正常成长现象,既不是与生俱来的,也不可能是学校单方面造成的。

学校的作为何在?给家长打好预防针,变被动应付为主动防范,结果就会大不一样。

帮助家长主动防范的重要途径,是普及天下的家长学校。借助这个平台,孩子在不同年龄段有哪些身心特点,学校在不同学历段教学有哪些要求,分化有哪些规律,防分化必做哪些准备,促进转化的有效手段在哪里,全面成长和兼顾个性有哪些原则等等。这些内容是全面预防主动预防所必须,应该让家长早知道,早配合,真知道,会配合。

很显然,这项预防工作,起始班,过渡班及毕业班,都各有侧重,各有要求。希望把工作做得主动又见效的班主任老师,还要和专业教学的备课一样,备好家长所积累的每一堂课。

三、学会打好应急针

现行的教学和考试制度下,家长对名校的向往和高分的追求,普遍显得异常敏感和执着,似乎不给自己留任何余地。于是,多种酸甜苦辣哭笑不得的怪事,经常出现在我们的社会生活中。

一名初二学生的家长,几乎是在用撕肝裂胆的痛苦,无可奈何的神态,声嘶力竭的语气诉说道:孩子从小到大,没淘过气,没烦过神,乖巧、伶俐。年年都是三好生,既是少先队干部又是班级干部……真是晴天霹雳,这几天突然沉默不语,不用正眼看人,最让人揪心的是,孩子还喃喃自语,上课总有人朝她看,路上还有人要朝她吐口水,吃饭显得很勉强,睡觉噩梦又不断。

因为突然和反常,家长担心并紧张。让家长焦虑又无奈的是:自己解释不了不可怕,求医问药之后还是一头雾水,当然格外紧张恐怖了。

还有位小学六年级的男孩,前五年顺风顺水,品学兼优,五年班长一职,也干得有声有色,一片赞歌。

到了六年级,也和上个孩子一样,突然寡言少语,成绩急转直下。可怜天下父母心,孩子被带到省城医院,住院治疗半年左右。眼看小升初日期临近,又不见孩子明显好转;在名校梦的强烈催促下,家长毅然带孩子回家备战迎考。

世上巧合的事是无法也无需论证的。这两名学生家长相继求见了一位年长的老教师。略加询问以后,老先生给初二小女孩的分析是:因为平时学业一直优秀,从小学至初二,优生的地位从没被撼动过,这次考试有两门考差了,对内心冲击很大,自己又不能主动排解,家长更不知道考试反差在一些性格尚不健全的优生心里，会引起多少波澜？于是，幻觉、噩梦、神态恍惚，就成了必然症状。让孩子做两件事之后，观察一下效果，好转了，一切恢复如初，便告破解。一件是，让孩子知道，变化的是分数和名次，不变没变的是实力和基础。分数变化的原因是期望值过高过僵，不给自己一点余地和空间；分数变化的性质是典型的非能力失分；分数变化的过程是焦虑的心态干扰了考前准备和考中操作，最终酿成考分下滑。这样的考分评价，给孩子以自信和方向。做了自我解剖之后，成绩即可恢复。另一件是，再有幻觉出现时，先做深呼吸，接着对可疑的方向做明确的确认，直到自己说服自己那幻觉不是事实和真相，接着再重复确认2~3次，到自己完全理性化清醒化了，便告结束。

十天以后，孩子完全恢复正常。一年后顺利考取名校高中，再过三年同样顺畅地考取自己心仪的大学。

那个六年级的小男孩与老先生见面时，离小升初考试不足三个月，孩子状态没见任何好转，家长心急如焚。老先生听完家长的关键叙述，针对一件事，讲清一个理，给出一条做法。

那件事情是，到了六年级，为了不影响小升初考试，家长和老师一起停了孩子连续五年的班长的职务，事先没有和孩子沟通过，事后又缺少合理的疏导，麻烦就此产生。

老先生对家长和老师说，发生这种情况，从动机上讲理由，只能是借口；从结果上看做法，才知道是对教育规律的违背，是对孩子内心自尊的伤害。

老先生对孩子说,他的人品学品足以保证他考取名校初中,当班长本身也是对自身能力的锻炼和培养。家长和老师低估了孩子的能力,还简单地把学习和当班长对立起来,更没有事先的充分沟通,便一厢情愿地做出了不让孩子当班长的决定,伤害了孩子的自尊,干扰了孩子正常的思维秩序和生活秩序。孩子的内心是有委屈的。各种消极心态由此而来,家长付出的精神和金钱的代价,足够沉重。

老先生给孩子的建议是,只要对自己心仪的初中初衷不改,只要现在就静下来补好新课复习好旧课,考取理想的初中没有悬念。孩子欣然接受。老先生给家长的建议是,无为而治以外还要加上各守本分。关心孩子的最好方式,就是问问孩子哪些地方需要家长帮助,有求有应,没求不应。不放心太多常常会揪心太多。

当年6月底,孩子顺利考取名校初中,后来的中考和高考也很如愿。

两件小事,一条启示,还要学会给家长打好应急针。预防针不能包打天下,它所应对的都是些常规问题。偶然和突发问题的出现,常常让家长措手不及,造成若干不必要的损失,几乎司空见惯。

为了我们的责任和担当,借助和家长的交流和沟通,有经验的班主任,会主动安排时间和场所,将一些突发问题的类型、原因和处置方案,详细而认真地向家长做出尽可能周到又完整的解释和说明,以便在突发情况发生时,不至于手忙脚乱,不至于病急乱投医,不至于因误判而出事。这就是必须打好的应急针。

"月晕而风,础润而雨。"突发状态的出现,在中小学生那里,并不是没有先兆的,也不是没有原因的。学习成绩的反差,人际关系的反差,身份变化的反差,亲情变故的反差,都可能是突发状态出现的原因和先兆。这种有章可循的事,班主任除做到自己有数而外,还有必要让家长有数。家长有数了,不但有了应急的可行与实效性,还提高了应急的预见性。

四、学会打好保健针

预防针是未雨绸缪,应急针是应对突发事态,至此,班主任的必修课和必答题并非大功告成;因为不论是预防还是应急,就整体而言,这两类情况总是少数。家长必须和学校同步关注的,是大量的日常生活中的一些基础工程问题,特点是面广量大,又关乎全局。所以我们称呼这类交流与沟通叫保健针。

面广量大的日常保健看上去难寻把手,其实这正是问题所在;因为一些关键性的基础工程就在家长身边,就在家长眼前,好多家长却视而不见,还在那里稀里糊涂地忙花钱,自以为是做工作。家长的教育观念就出了保健问题,而且还比较普遍。现梳理如下,以供班主任老师参考。

第一,家庭教育和学校教育的关系问题。有一种说法,叫作三分先生加七分学生等于十分家长。它有两层含义:其一,在教和学的关系中,老师的点拨、化解、引导必须在学生接受和消化吸收之后起作用,从这一角度看,名师未必尽出高徒,高徒之后出名师。这不是简单的教学相长,而是充分肯定了学生的主体地位和主动作用。其二,学生的主体作用是天生的吗?是第一课堂的奠基之功,是第一老师的榜样之效。这也是"十分家长"的客观解读。

家庭教育难能可贵的功效作用被许多置身其中的家长忽视了,误判了。望子成龙的希望被全部寄托在学校教育尤其是名校名师的教育上。真的进到名校了,他们的精力又被放在对名师的寻访和考分的追求上。人品,人心,这些教育的本质和核心问题,被许多家长有意无意地忽视了,放弃了。不打好保健针,能行吗?

第二,人品和学品的关系。这在基础教育的中小学,显得尤其重要。但因选拔考试最终都以考分高低为录取的依据,家长看重考分,惦记考分本也正常,只是在获取高分的观念和做法上,离奇的事实在不少。最典型的莫过于补课。

小升初不是取消考试了吗,为了择校要补课,为了不让孩子输在起跑线上也要补课。高中、大学都做名校梦,补课几乎要昏头了。双休日、寒暑假,只要有假日,就是补课日;差生补,优生补,几乎满员补;见效补,无效也要补……

严酷又严肃的事实一再告诫我们,学品出问题,根源在人品。感恩心、上进心、责任心、向善心、勇敢心、耐劳心……这些朴素的人品基础,首先是在家庭教育中逐渐养成的,也正因为有了这样的人品基础,学校教育需要的优良学品,才有了可贵的源头,可靠的保障。人品永远不是花钱补出来的。

按照目前的现实,这类保健课应该越早开越好,越普及越好,越坚持越好。

第三,卷面分和潜在分的关系。

考试分数,不论城乡,不论中小学,总是普遍被关注的一个敏感话题,在家长那里,更像一只寒暑表,每一次微小变化,都会引来各种猜测和反应。要是波动较大,家长为之奔走为之焦虑的情况几乎无一例外。中小学生中一些极端事件的出现,也多是从考试分数引发的。

为分数变化而忙碌而慌张的家长们,为什么普遍又固执呢? 考试选拔主要以考分为依据这是客观原因;人才选拔尤其是优秀人才高端人才的选拔,文凭常常是刚性门槛,没有商量的余地,这是社会原因;在基础教育阶段,考分成了所有学生评价的不二标准,高分的不能低,低分的必须高,这是家长的主观愿望,也是现实要求;用形而上学的机械绝对观点看待分数,看到低分就认为高分太远,看到比上一次考低了,就认定是倒退……这是不少家长看待考分的惯用思维方法。

正是这些主客观原因的存在,为考分而出现的矛盾,越来越多,越来越强烈。孩子中的强迫症、抑郁症、分裂症、跳楼轻生等再不是个别现象。班主任最及时最有用的做法,便是有始有终地一丝不苟地尽心尽力地与家长沟通好考分评价、人才多元等大众话题。这是一个长期的话题,也是一个必然的话题,因为它和考试制度选拔用人制度相伴。

正确看待考分,合理分析考分,弹性要求考分,就成了打好保健针的必要理由和充分理由。

面广量大的保健针还应该包括安全教育问题，身心健康问题，法制教育问题，个性发现和培养问题等，但这些问题都还不是学校和家庭教育的难点和重点问题，也不是带动全局的问题，它们完全可以在日常管理的一些制度设置中予以安排和落实。

第三节　与家长沟通的几点策略思考

交流和沟通皆为共识而开始，皆为合力而坚持。为了学校教育和家庭教育的共识明确，合力准确，交流和沟通的相关策略是需要认真讨论一番的。

第一，信任是沟通的基础。

老师和家长之间的沟通与交流，要想达到顺畅又充分的效果，光有方法和技巧是远远不够的；因为沟通还没敞开心扉，交流还不是心灵的对接，只能是互相敷衍，无济于事。

敞开心扉的首要条件是彼此充满信任与敬重。一头热，一头冷，不行；一头实，一头虚，也不行。

横在信任之间的障碍是什么呢？很明显，就是冷热不均，虚实不匀。通常情况下，凡是听不到家长真话，看不到家长倾力的时候，多数与班主任没被完全信任有关。改变这种状况的最基本做法，便是班主任真诚热情的态度。给人以亲近感，授人以亲和力；班主任坦荡磊落的胸怀，让人觉得可信；班主任谦虚朴素的风格，给人以真实感、踏实感;班主任不辞辛苦乐于负责的精神,给人以可信任值得信任的力量……

班主任的这些表现不是到了和家长沟通时才具备的,他们在和自己的学生、同事、亲友相处中早已养成了这些与人交流的品行与修养。因此,这都不是班主任额外的功课。即是说,凡是能将班级管理得有声有色的班主任,他们通常都被尊重和信任了,他们要面对的常是些难以沟通和交流的少数家长。那又该如何开始沟通和交流呢?

第二,投簧的钥匙只要一把。

几个考分偏低的学生,家长会开过了,试卷分析讲过了,成绩仍无起色。约家长面谈,反应都很冷淡。班主任研判的结果,决定一个一个上门家访。

几个家长走访完了,班主任听到了一个共同的声音:孩子太不争气了,老师花了那么多功夫,成绩还是上不来,实在不好意思再去见老师……一个谦卑的声音,一个无奈的声音,一个是两种声音以外的渴望的声音。

班主任再一次集中研究了那几个孩子的考分,发现都达到了班级平均分,有的还超过了平均分。再打听一下各学科科任老师,反应学习表现都好于以往。家长为什么感觉不到? 因为家长只看到考分的数量无增,没看到考分的质量有变,陷入了机械分数观。

班主任带着这份深入的研究和判断,二次走访了那几位家长,共鸣立刻响起,共识马上达成,家校空前互动,空前和谐。

投簧的钥匙只有一把,投簧的钥匙不在别人手里,只在班主任心中。

第三,沟通也讲雪中送炭。

顺风顺水的学生,不需要泛泛地沟通;出类拔萃的学生,不必要常规性沟通,他们需要的是锦上添花,班主任与他们家长的沟通,以两个方向为主:一个是集中突破,以求整体水平的再提高。例如,个别薄弱学科的集中突破常常使整体水平悄然提升。另一个是个性发现与发展。学有思路学有余力的学生,他们可以根据自己的爱好和擅长,多一些阅读,多一些实践,以便将来向专门人才的高端方向发展。总是不放心地将这类孩子按在无边的题海里漫游,不只是时间和才智的浪费,甚至是对想象力和创造力的扼杀。

少数人的锦上添花,既不是班主任工作的重点,也不是难点。大面积地提高教学质量,最大限度地激发学生的潜能和热情,做到青春不虚度,才智不浪费,这应该是沟通和交流的重点范围,也叫雪中送炭。在非名校范围之内,雪中送炭的价值常常大于锦上添花。

这类学生家长普遍带有文化偏低,见识偏浅、收入偏低等弱势特点,他们的教育能力、教育手段往往带有局限性、狭隘性和力不从心的弱点。例如孩子潜能的发现和引导,缺点的分析与克服,优点的评价与发扬,这些看似普通又普遍的教育问题,直接关系到孩子的健康成长,全面成长,本不应该被忽视被轻视。可是,放眼青少年中那么多这样那样的问题,我们自然想到了家庭教育中的家长问题,也就必然想到与这类家长的主动沟通,热情交流,还真是难能可贵的雪中送炭问题。

第四,沟通交流中的几个制约因素。

沟通交流的主要形式是对话,对话的主要目的是形成共识,达成合力。对话讲究科学和艺术,我们不忙去界定;对话要见成效,是我们必须首先考虑的。老师与家长沟通交流中的常见制约因素有:

1.不该上演的五出戏——

一是目中无人的独角戏;二是伤人自尊的抱怨戏;三是无所适从的空头戏;四是不愿苟同的过头戏;五是有损自己的蹩脚戏等。

独角戏又叫包场戏,其特点是,无论面对群体还是个体,总有讲不尽的道理,举不完的事例,家长感受何在,全然不顾。目中无人,自演自导,置效果于不顾。

抱怨戏,这在和少数后进学生家长的交流中比较多见。其特点是,孩子身上全是缺点而外,所有的责任必须由家长承担,而且不由解释和说明。

空头戏也称说教戏,其特点是道理和口号一串又一串,联系实际的具体分析几乎不见,从实际出发的具体要求更是遥遥无期。结果只能是一时激动,做起来无所适从。

过头戏和空头戏有相似之处;从头到尾全是空,神仙难适从。不同之处在于,过头戏多数把功夫放在抽象的结论上,很容易留下一俊遮百丑,一丑皆丑的隐患。

成绩好又比较乖巧的孩子,几乎成了老师们争相褒奖的宝贝,这些孩子人前人后听到的全是溢美之词、赞扬之声。家长如不警醒，一味跟着老师唱赞歌，再加上不停地涂脂抹粉，人们不愿看到的两种结果便很容易出现。一种是脆弱的心理和性格容易养成，另一种是由优越感滋生的傲慢作风、自我中心意识等坏习气的养成。总之，漂亮的分数掩盖甚至庇护了不少人性的缺陷。这是每一位班主任和家长都应该记取的。聪明的孩子是被夸出来的，未必就是教育真理。

纪律不严作风散漫而且长期无法矫正的孩子，在班主任眼里简直就是才不正用的典型，妨碍集体荣誉的害群之马。每与家长谈及此类孩子，和颜悦色，轻声慢语，心诚意切的对话常态是荡然无存的；声色俱厉，咬牙切齿，抱怨责备成了家常便饭。这是过头戏的又一极端，家长有尴尬，伤自尊的感觉可以想见。

过头戏的这两种表现，纵使动机再正确，理性的家长也是无法苟同的。

蹩脚戏的基本特征是内容枯燥、表达呆板，甚至观点过时或有误。蹩脚戏情况虽属少数，但于班主任而言，确实是输不起的，尤其是那些号称名校的班主任老师。在这些名校的家长群里，从来不缺评论评价高手，蹩脚戏一旦上演，其影响的挽回恐怕数倍时间和力量都很难冲抵的。不唱蹩脚戏的根本途径是修养自我，做好功课。

2.与单亲家长对话时的注意范围

单亲家庭具体原因各异，但都有着不愉快和伤心的经历，孩子的内心也都受到不同程度的伤害，更会在心理和性格上表现出不同程度的缺陷，这些都是有因有果的正常现象,老师必须给予充分理解和主动关注。

与此类家长对话,切忌触碰几个敏感的话题。其一,单亲之前和眼前的家境情况,这样容易触发对不愉快过程的回忆;其二,单亲家庭孩子身上典型的性格缺陷,不要直接描述,更不要放大描述;其三,孩子身上一般的缺点或弱点,可以客观评价和教育,不要轻易扯上家庭背景;其四,此类家长常有与老师单独交流的意愿或希望,应该尽量满足,切忌生硬又冰冷地拒绝。伤口撒盐的事哪怕是无意做出来的,也是不该被原谅的;其五,对他们子女的关照和帮助,切忌流露邀功或恩赐的语气或表情。

3.与祖辈家长对话时应有的格调

第一,一视同仁。不要用老态龙钟的先入为主套用在所有祖辈家长身上,他们不是保守落后的代名词。千万不要从印象出发,对他们表现出不放心不信任。

第二,充分说理。确有不少祖辈家长身上存在不少"隔代疼疼过头"的陋习,但这不是我们拒绝和他们交流的理由。在留守儿童大军客观存在的今天,祖辈家长的角色担当,难有更合适的替代人选。抱怨、责备、着急都无济于事。唯一的做法是放下身段,耐心倾听,然后有理有据地说明疼过头的不当和危害,说明合理疼爱的做法和意义。

第三,坚持标准。祖辈家长疼过头的表现之一是舍得花钱。在他们心里,舍不得给孙男孙女买吃买喝买玩的爷爷奶奶,不是太小气就是太不懂祖辈人应有的责任和担当。放眼少年儿童中的自我中心现象,贪图安逸不思进取自由散漫等诸多不良习惯,很大程度上与"隔代疼"的观念有关。对此,既要尊重又要坚持原则之间的界限和分寸是要慎重把握的。

第四,当好调解人。父辈家长对祖辈家长的"疼过头"甚至干涉孩子父母的正当教育,常有难言之隐或无可奈何的诉说;祖辈家长也会以双重家长身份的资本,诉说着自己那么多吃力不讨好的委屈。

孩子是无辜的,孩子的健康成长是耽搁不起的。班主任理当义不容辞地当好两代家长的调解人,这也许是更具价值的责任与担当。

4.与缺点严重孩子家长的对话须知

网络成瘾,游戏着迷,打架斗殴,置校纪校规于不顾,这类缺点严重、过失不轻的孩子,在学校是难题,在家庭很可能是一场甚至几场灾难。他们的家长心烦意乱之外还有几分蒙羞之感。面对这类家长,班主任的主动及诚恳尤显可贵。具体要点包括:

第一,主动诚恳的同时,要尽力做出不放弃不该放弃的姿态,以此振作家长的内心,排解他们的压力。

第二,耐心细致地讲清浪子回头金不换的道理、条件和做法,让家长看到希望,知道做法。

第三,严肃又诚恳地分析孩子身上的问题根在何处源在哪里,以便家长真正知道教训到底是什么。

第四,帮助家长制订一个既简明扼要又切实可行的帮教方案,既方便孩子执行,又便于家长和老师督促检查。常规做法中的保证书检讨书之类,慎用不用最好,因为十几岁的孩子正反两种行为都是从规范或模仿开始的,并非全从认识开始。讲不出认识根源环境根源的保证书检讨书多是空话套话一堆,写它何用?

第五,用好热心、诚心、宽容心。家长面对不长进不争气又犯有严重过失的子女,他们的内心总是倍受煎熬的。此时此刻,我们的热心送去的是温暖,我们的诚心传递的是坚强,我们的宽容播撒的是安慰。不关痛痒的高高挂起和泛泛而谈都是无济于事的。

需要讨论和思考的内容确实很多,也很深,以我现有的认知,只能做到为各位读者抛砖引玉。好在基础教育的改革既无止境更没有封顶,相信会有更多更深的见解和更丰富的经验贡献到我们面前。

内容提要

　　毕业班工作千头万绪。忙在以人为本的教育轨道上，忙在基础题定大局的系统过程中，忙在学生的健康成长，全面发展的目标上，才是真忙和会忙。

第八章　毕业班工作的设计与实施

毕业班工作是学校工作的重要组成部分。其工作的效果关系着学校的生存和发展,关系着社会的评价和取舍。毕业班工作的方向与设计都很重要。不论是初三还是高三,毕业班工作都有承前启后,继往开来的特点,都有迎接选拔和深造的功能。所有工作,都是围绕选拔的标准和要求层层展开循序落实的。三年教育教学工作如何评估,往往集中表现在毕业班工作的成果上。

第一节　基本思路与整体设计

无论是初三还是高三,都面临着一定范围内的竞争,这种竞争有时在悄悄进行,有时又是白热化的,公开的。要想胜出一筹,毕业班工作的基本思路与整体设计必须考虑诸多因素。

第一,知彼知己的谋略思想必须到位。这是毕业班所有工作的出发点。无论是高三还是初三都要对高考或中考的选拔方式、选拔要求、选拔标准成竹在胸,了如指掌。

与之对应的是学生现状的客观评价也该到位。高三学生预计在一本线上下的基数多少,二本上下的多少,二本下10~20分的多少,各学科之间以及各学科内部的分数结构如何,班主任和任课老师都应该心中有数。

初三学生预计在老四星、新四星高中水平的人数分别是多少,在三星级高中、不同类型的中专校水平的人数是多少,分数结构如何,相关老师也应心中有数。这就是知彼知己。

第二,差距分析的功夫必须做足。这是毕业班工作的关键。了解现状和差距以后,就要对产生差距的各种原因做比较深入的分析。这是一门相对难做又必须做好的功课,因为它不允许停留在类似"生源差""基础差"的泛泛结论上,也不接受"还可以""比较好"这样笼统的评价上,同样不听"不认真""不用功"这样虽义愤但无力的抱怨,它要寻找的是具体原因,是真实原因,是根本原因,是直接原因和间接原因的呈现,是主观原因和客观原因的综合……不到这一步,只能在苍白无力地说教中呻吟,只能在声色俱厉中训斥,只能在恼羞成怒中喊叫,又或者,只在怨天尤人中长吁短叹,被动等待。

抛却隔靴搔痒式的点评,如何进行真正的原因分析,有这样一组个案,也许能够给我们启示:

(个案一)某高三学生,理科成绩数学和物理,文科成绩语文和外语皆达到名牌大学录取的水准,唯化学一门长期不见起色,直接影响高考目标的达成。深入分析后得知,真实原因是对化学老师的教学风格不认同,偏见较重。

对教师的教学风格不认同,或者受到以前任课老师的风格影响,很难在短期内接纳新任老师的风格,这是许多学生成绩下降的原因之一,说到底是一种情感障碍。十六七岁的学生处于青春期,很容易情绪化,对于在情感上不能接纳的老师,他们会表现出对他的教学不认同或者没有学习该门学科的兴趣,从而导致成绩下降。

针对这样的原因,对他进行人际关系中的宽容与包容的必要和珍贵的教育,告诉他"亲其师而信其道"的道理。

学生被说服以后,短短一个月不到,这名学生的化学成绩由高中三年的110分不到,最终高考得分138分(当年总分150)。

(个案二)2010年,一名普通高中的高三学生,到了当年的4月底,480分总分最高得分是282分,且只有一次,其余六次都在240分左右,物理三年来没有一次达B记录。

通过试卷分析与交谈,发现真实原因是知识类低级错较多,还不知道看书温书的重要性;操作类低级错误同样普遍持久,纠正的做法还停留在"细心、沉着"之类的苍白说教上。根本原因是不知道自己的潜能到底有多大。既没有努力的方向,也不知道努力的做法,只是稀里糊涂地听说考三本也困难,一切都在模糊中机械被动地进行着。

针对这两个关键原因,告诉她如何回到内心,让自己重树自信;怎样回到书本,让基础知识达到有系统不含糊不肤浅的标准,以保证知识类的低级错误尽量减少;如何回到试卷重温、感悟、体验低级错误的来龙去脉。并且告诉她时间如何安排,复习和训练如何兼顾等。

最终高考成绩为总分332分,物理的等第为B,超过当年二本(328)4分,被重庆师范大学土地与规划管理专业录取。纵向比较,一个月时间,她的总分提升70分以上,物理是第一次也是最后一次更是唯一一次考到B。够神奇了;其实不存在神奇。帮助她改变命运的全在帮她分析了真实原因和根本原因。

差距是客观存在的,产生差距后,不怨天尤人,不敷衍搪塞,要积极找到问题的核心原因所在,然后对症下药,方能引起疗救的效果。两个个案真实地表现了查找真正原因,甚至是原因背后的原因的重要性,只有这样在毕业班起步之时,才能赢在起点。

第三,简约可行的过程设计必须铭记。这是毕业班工作的核心。毕业班之所以重要,就在于结果的巨大影响。但没有精心设计的过程又哪来完美的结果。

在设计之初,要规避几个常识性的错误。一是复杂化。有人认为,应该把毕业班一年的计划精确到周、甚至精确到天,这其实是非常理想化但却是不尊重学生主体的极端想法,这几乎就是制作一个笼子将学生装在里面,完全按照当初设想去进行,忽视过程的变化与学生的主观能动。二是简单化。既然有教师带领学生学习,只要跟着老师走就可以了,只要制定每次阶段性考试的目标就可以了,实际上这是从另一个极端去否定学生主观创造性,流于简单。

如何简约呢? 应该主要包含以下几个要素。

1.有因。设计不求面面俱到,主要从问题出发,对学生存在的问题要进行筛选,挑选主要问题采取对策,问题即原因。而对主要原因的过细追问也是必需的,要找到原因背后的原因。比如,一个学生成绩总是低水平徘徊,上课打盹,精力分散,我们往往以学习不努力、目标不明确,如果进一步追查,或许可以找出上课打盹的原因是晚上独睡时喜爱看小说或者迷上了什么游戏。还有一种情况,就是学生上课精神不振,有时又和对教师的情感态度有关,学生对教师有意见或者情感交流有障碍也会导致,这些原因背后的原因是我们在制订计划时必须考虑的。没有真实客观原因的设计,常会流于一般化。

2.有用。从个体设计到实践运用是个过程。在这个过程中,设计的科学性是至关重要的,有的设计虽然是针对具体的甚至是根本的原因,但是因为急于求成,不顾个体条件强行实施,导致个体行为主动性丧失。如一名学生英语不好,他找到了薄弱的原因是阅读量不够,于是,设计一个方案:每天进行三篇短文的阅读,早晚进行单词跟踪补救。按照这样的方案,一个月下来,他的阅读量和词汇量应该是可观的,可是,执行不到一周就懈怠了,原因是其他学科作业受到了极大的影响。有用其实就是可行性,个案设计要量力而行。

3.有行。行动是一切方案实施的重要体现,执行方案应该注意以下几点:一是调整好心态。就是做好心理准备,既然方案是针对真原因而设计的,而真原因产生于自己的不足之处,因而改变起来必定要动真格的,需要勇气与自信,方案实施的结果未必如设计的完美,也需要心态的适应。二是安排好时间。科学合理地安排学习与生活时间是一名优秀学生的基本技能,很多学生成绩下滑,其实与他不能科学安排时间有关。执行方案要有时间保证,协调好各科目及生活,即便是设计好的方案,在实施时也应该留有时间余地。三是加强执行力。方案的实施需要意志力的保证,当实施过程中遇到未曾考虑到的阻力时,必须以意志来克服;需要有步骤地实施,列出时序进度,保证执行有力。

4.有效。方案必须保证效果。再完美的方案,如果没有效果,便是纸上谈兵。在方案实施的过程中,为保证有效性,可以适当地调整以期更好地与自身结合,方案不是一成不变的,而是始终与效果相伴随。

总之,在进行整体或个案设计时,不应该被复杂化,也不能过于简单化。用文字来表述,可以试着这样描述,叫作:

明确方向绝不动摇,开发潜能最大目标;

分析原因至真至本,提出要求至行至坚;

心态思路合理调控,集中突破做法可靠:

不求考分名次多高,只求遗憾失分减少。

第二节　毕业班工作的品味与质量

这是一个不算轻松但必须讨论的话题,因为在这个环节上从学校到家庭,有许多不必做甚至不该做的事,却总是习以为常地理直气壮地到处上演着。例如,孩子考取名校了,家长早有承诺,不是买名牌,就是去旅游;还有什么金榜宴、谢师宴更是屡见不鲜。

如果仅仅是对孩子有所奖励,对老师表示感激,还可以认为是人之常情,不必较真,倒也罢了;可是,没考好,考不好的孩子怎么办呢? 为了能考好,学校的作业量成倍加大,学习时间被安排到学生毫无自主,体育活动少到不能再少,集体活动,自由活动几乎全被以各种名义取消。班会课、家长会,言必谈考试,考试成了毕业班的中心话题,固有话题,不二话题;学生从学校到家庭,听到的,看到的无一不与考试有关,不与考好有关。考试,还要考好,像是悬在头上的一把剑,又像扎在心上的一根针……这是不少考后学生的感慨。

于是,我们看到了许多欲速不达的实际结果,看到了只知考试埋头努力不明白全面成长更要抬头看路的真谛,更看到了本不该发生却又真实发生了的各种悲剧。

高压之下,有过各种级别、各种类型的状元或高分群,但状元群里出了多少创新人才,尤其是国家急需的创新人才,至今没有任何真实报道。我们必须深入思考和反复讨论的是,毕业班工作除了常规的基本思路与设计外,必须在品位和质量上棋高一筹,标上自己的风格风骨和风采。

一、修炼自己学会引路

班主任天天面对的是50名左右的学生,所要背负的是几百名直系亲属的希望,还有国家民族的希望。小人物,大希望。身份普通,责任重大。这就是班主任的身价,无价之价。

透过那么多平凡的日月和烦琐的事务再看班主任工

作,你应该为之一振,应该为之骄傲与自豪,应该投以热情去担当。这就要主动修炼,自觉修炼。这些内容我们在《班主任的基本素质》中已有叙述,不再重复。

倒是"引路"二字,要稍加议论,以供参考。"引路"者,必先识路;认路者,要识方向,否则会引错;方向之外,还要识路线,知道怎么走;路线之外,还要讲效率,知道不走弯路。

毕业班学生努力的方向应该是全面准备,科学准备。全面者,身心共进,德才并进。牺牲健康为代价,不值;不讲人品论高分,不该。科学准备应该是脚踏实地,落实基础。急功近利,投机取巧,最终走不上正路。

这就是品位。光明正大的品位,有风度的品位,居高临下驾轻就熟的品位,经得起考验耐得住推敲的品位。品位是质量的源泉和保证,毋庸置疑!

有品位的毕业班工作,要特别处理好雪中送炭和锦上添花的关系:思想上有困惑的学生如何疏导,学习上有困难的学生如何帮助,精神上有压力有烦恼的学生如何化解,需要我们做足功课,播撒甘露,把雪中送炭的事做到家,做到位;优秀学生需要的是适当提醒和点拨,切忌鞭打快牛,层层加码,或者过度呵护,甚至纵容特殊,都不可取。

二、关注心态、思路和方法

从容平静的心态,能让智慧的大门敞开,清晰严谨的学习思路,会让学习过程目标明确程度扎实,合理的学习方法让人效率大增,感受轻松。这应该是毕业班教学工作的三大要点。

构成阳光心态有两个必备要件:一是选拔标准的客观

真实性,二是自我评价的可靠可信性。

高考的名校线得分率在80%以上,一本线得分率75%不到,二本可怜到70%以下,这就是客观真实性;学生的学业评价稳定在75%左右,这就是可靠性和可信性。两相比较,自信有客观标准又有自身依据,心态自然平静。训练测试中的正常波动,告诉他们忽略不计。这个标准如果有变化,则以变化了的标准为依据。如果起伏较大,也不必大惊小怪,找准真实又具体的原因,说不定就是一件小事而已。就此小题大做,人为地夸大风险,反而让人无所适从,自乱方寸。未成年人身上好多消极情绪,很大程度上是被身边的成年人嘘出来的,这句话未必没有道理。

完成了心态问题的落实,安排好学习思路自然提上日程。这个基本思路可以用"眼睛向下,方法得当,功夫到位"来表述。

眼向下,为什么? 因为:

第一,基本题定大局是所有选拔考试的基本规律。历次选拔考试中,成也基础题,哪怕达名校;败也基础题,哪怕末端高校。少量的难题既不关大局,也不能脱离基础所能达到,所以必须眼向下。

第二,考卷上大量低级错误的频繁出现,普遍分布在基础题范围之内,一定难度的题目只要能力所及,就能少犯低级错误。正是那么多低级错误的困扰,妨碍了许多考生正常水平的发挥。这不正是对眼没向下的惩戒吗?

第三,眼向下,不只是学风问题,从严格意义上看,还是健全的人品人格问题。谦卑的人不会眼高手低,志大才疏;责任意识很强的人不会浅尝辄止,满足于一知半解;志存高远的人不会急功近利,不会顾此失彼。

第四,知识类和操作类的低级错误,从来不是难度超过能力,而是程度没有到位。各个学习环节都能程度到位,全局马上改观。所以应该眼睛向下。

眼睛向下,贯穿于毕业班教学工作的自始至终,是整体设计和基本思路的重中之重,它回答和解决的是毕业班工作的方向和策略问题,也是品位和质量问题。

有人担心,一旦当年的试卷整体偏难,这样的思路还行吗?应该没有悬念,因为:

首先,整体偏难绝对不会是从头难到底,总有下得了手的若干空间;其次,整体偏难了,评分标准会有相应的调整,这是公开公平的;第三,更重要的是,情商和才智的厚实功底是登上难题的必备台阶和必然基础,基础不牢,一切皆空。这是符合逻辑的思考。

有了基础题的被重视和强化,方法得当和功夫到位的要求就相对好讨论下去了。

其实,一切方法都不是孤立存在和单独起作用的,例如记忆可以用归纳的方法,简化的方法等,但前提必须先要理解,没有理解的记忆几乎是徒劳的。再如理解,也可以用上这样那样的具体方法,但首要的必须学会分析,没有严谨的分析,哪来透彻的理解。

因此,毕业班复习工作的方法得当,主要是为了帮助学生走出烦琐的题海,抛弃机械呆板的死记硬背,拒绝表面化、形式化和走过场式的总结,绝不是为方法而方法,更不是借口方法而否定功夫。再好的方法在不肯下功夫人面前，不是图省事的手段，就是遮掩差成绩的借口。精明的班主任要慎重对待方法问题，不要轻信那些假勤奋真懒惰的各种拿方法当盾牌的借口。高初中六年，每周至少5节英语课，至少6节数学课，可是到了高三，26个字母48个音标还没掌握的人，人称代词、物主代词、反身代词还不能区分的人，即使在四星级高中也不鲜见。同样，课本上的数学概念，数学定理学得支离破碎、模棱两可的人更不是个别。请问，他们到底是缺方法还是缺功夫，到底是缺技巧还是缺人品，不是再明白不过的事吗？可怜的家长还在那里相信孩子以方法当理由的各种借口，还在那里大把掏钱忙辅导，因果皆被颠倒了。有良知有理智的毕业班老师，不该再当事不关己的旁观者，应该真诚严肃地告诉每一个学生，自欺欺人自作聪明的事，千万不要再做了。还要有理有据理直气壮地劝告每一位家长，真正优秀的学生既不从方法开始，更不从课外辅导开始。能够让他们的孩子真有长进的必须从人品开始，只有从人品开始。

　　讨论了方法得当，我们还要讨论功夫到位的问题，这是一个直接收获的环节，这是一个最终见分晓的环节。所以要讨论得更深入、更具体、更实在些才对。

　　什么是功夫到位？就是知和行的有机统一和有效统一；就是知之深，行之坚；就是自觉状态下的坚韧，坚韧过程中的自觉；就是滴水石穿水无声，绳锯木断木成段；就是过程和结果的最终统一。

　　因此，再清晰的思路，再良好的心态，再合理的方法，要见最终成效，只能靠到位的功夫做出保证。

到位的功夫大致可以有如下理解和表述。

从学习环节上看，预习是否发现了问题，上课到底听懂多少，懂到什么程度；不懂的多少，不懂在哪一点上，都应该一清二楚；课后还要及时复习，看看消化吸收到什么程度，还有存疑的、遗漏的是否都已弄清；到做作业的时候，规范意识是否明确，规范行为是否实行等。如果平时这四大环节都能到位了，那么多的低分学生凭什么还会出现？大量低分学生的长期存在、普遍存在，考查的是学生，拷问的首先是家长，其次是老师。

从考试过程看，三个阶段三大环节皆有功夫是否到位的问题。

考前准备阶段，心理的从容平静到位了吗？知识的系统、准确、深刻与灵活到位了吗？

考中操作阶段，审题环节的从容冷静，答题环节的规范严谨，检查环节的先查题目后查答案这三大环节落实到位了吗？

考后总结阶段的四大环节各有要求，必须逐一落实到位，方能有所改进，有所提高。只满足于答案订正和听老师评讲，那是远远不够的。

首要环节是发现问题应该及时全面，这一环节中的及时不难做到，全面就不那么容易落实了。有人公开宣称书写不规范，誊抄有误，涂卡错位等细节失误不足为怪，以后注意就是了，没必要那么严肃认真。"以后注意""下回注意"人们听得太多了，真正改了的，还是不那么多。

第二环节的分析问题是项费心费神的事,好多人因为疏于仔细解剖,常常就事论事,所以重复失误屡见不鲜。

有效的做法,首先要确认失分的性质,是能力失分还是非能力失分。性质不同,评价就不该一概而论,努力的方向就该有所区别。失分的原因应该找到具体原因,真实原因,直至根本原因;只停留在抽象笼统的原因上,再怎么头头是道,矫正起来也只能是订正和听评讲而已,走不出表面的功夫,不会收到知错即改的真效果。失分的表现应该再现当时的想法和做法,不是简单地轻描淡写"我以为……"之类的说法就能说服别人的。分析的结果要想说服别人,首先要说服自己,连自己都不能说服的道理,还要付诸实践,能出真效吗?

第三个环节才是处理问题。因为失分的性质、原因和表现各有不同,所以不存在整齐划一的千篇一律的万能方法;到位的功夫必须是因人而异因事而异。知识类的种种失误源自不肯看书,当从认识上引导,不会看书该从效率上开导,不把书看透必须从效果上引导。操作类失误多与性格、情绪以及思维方法有关,不从修身养性开始,那么多的机械重复,那么多的豪言壮语,有过真正的效用吗?很明显,处理问题必须始终坚持以学生为主体,让学生动起来,没有学生的主动与深入,没有他们的静心重温,用心感悟和耐心体验,所有的教训不会只在老师的滔滔评讲中自动消失。

自己处理不了的问题怎么办?让他们提出问题,这就是考后总结的第四个环节。与发现问题、分析问题和处理问题前三个环节相比较,提出问题虽然排序最后,但分量更重。因为它要见广度，没有对考卷的全面发现和分析，不知道问题在哪里；更要见深度，深入分析，让人知道失分的来龙去脉，自行处理，让人感受自己实际能力的真实存在。自信再一次被证实和强化，自卑又一次被否定，被赶走。处理不了的问题再向老师提出，既显深入之功，又现效率之需。这是聪明向智慧的升华也是苦功和科学的结合。因此，提不出问题的学生是最大的问题，因为他们既不肯投入又不肯深入。

三、看成绩，更需要看成长

从家长到校长再到教育局长和分管县长市长等，都在喊，要让孩子健康成长，到了毕业班这里，我们看到了不少另类景象。双休日事实上被取消了，代之以大量的书面作业或者全都坐在教室上自习；体育课在城市学校还保留着，其他各种课外活动到了毕业班，似乎都在"让路"了；校园里最敏感的好像只有两件事：安全问题，谁都不敢怠慢；成绩问题，敏感的范围更广，程度更激烈。在升学考试名气较好的学校或班级，成绩一直是热门话题，敏感话题。因为太热太敏感，风吹草动，草木皆兵的事时有发生，学生中为考试而焦虑为低分而烦恼的事屡见不鲜，重重压力之下，出现了程度不同的各种精神问题甚至轻生问题。

成绩变成唯一标准和全部追求的时候，成长早被放置脑后，理性思考和判断早被狭隘的人才观念所代替：在学校之外的范围内，名校的地址被搬迁，规模被扩大，名校的学区房价格疯涨，为了上名校，内加压力绝不放松，外动关系不遗余力，不惜重金。神圣的育人之地堂而皇之地被各种商业目的浸泡着,侵袭着。

我们改变不了强大的现实,为了孩子的健康成长,我们应该有所作为,因为毕竟孩子离我们最近。

撒播阳光于内心化解压力于眼前,是我们完全可以做到的。

选拔考试的标准永远是相对高分,相对高分的要求尽在基础题范围之内。基础题兑现成功的不是超人的智慧,不是神圣到高不可攀,而只是脚踏实地的功夫,循序渐进的实践,常人都能做到,你的学生也一定能做到。

成绩的评价绝不是见分就是结论。从卷面分看到水平分,让学生知道自信的依据就在自己手里;从低级错误的种种表现,告诉学生心理负担和性格因素是根源所在,克服它们的必由之路是修身养性,解放思想。简单地订正,机械地重复都是治标没治本。所有的选拔考试都是选拔相应的人才,高考和中考都要选拔深造的人才,深造的人才必须身心健康,德才兼备。牺牲健康为代价,扼杀个性为条件,都是毕业班工作的大忌。

校内工作只要考虑周到些,加上一颗责任心,似乎好做些;难在校外少数的家长工作。你说不要搞什么课外辅导,他们就是放心不下,孩子仅有的那点时间,还要被挤得紧紧地去接受这辅导那补课;你说保持平常心,他们不是过度小心,就是处处担心;你说考试也不必太多呵护,他们总是千方百计忙吃忙喝忙洗忙住,操不完的心,做不尽的事。一些可笑的承诺更是拿教育当儿戏,视教育为交易。我们无权干涉家长,我们有责任规劝家长,诚心诚意理直气壮地告诉相关家长,成绩只是考试的结果,成长才是根本的追求。离开成长谈成绩,只就成绩谈成绩,很可能干扰了成长的方向,也最终失去了成绩的意义。

第三节　整体设计的注意事项
——训练测试中的正常与异常

进入毕业班以后,训练测试的次数明显增多。在现行的教育体制下,毕业班学生训练测试的广度、深度乃至节奏都会有所强化,应该是在所难免的事。正因为如此,如何看待和处置训练测试中的正常与异常情况,以便不断巩固与提高学生的水准,应该成为每个毕业班老师的常识课,必修课。

一、正常与异常的界定

1.拥有平常心态

不论是优秀学生还是普通学生,每次检测的结果,考分和名次都会有一定程度的变化,不论是上浮还是下滑,尤其是下滑,只要在小幅范围内,就该视为正常波动,不必大惊小怪,更不要兴师问罪。要求学生考试绝对平稳,既没有理论依据,也没有现实可能,只有徒生烦恼。

2.适当的课余爱好不应被禁止

正常的体育活动必须保证外,有人喜欢听听音乐,有人喜欢看看新闻和体育节目,还有的喜欢周末打打球,和要好的伙伴谈谈心,如此等等,都应该视为正常需要,应该确保满足并且不附加任何条件。规定必须考到多少分多少名才准进行有限制的课余生活,这本身倒是不正常的。

文武之道,一张一弛,这是规律。借口毕业班特殊,把学生当成特警和特种兵,或者专业田径运动员都是不正常的。复杂紧张的脑力劳动,既要有强健的体魄,同样需要轻松的心境。

3.异常背后的正常

测试结果大起大落,又没有明确肯定的解释,这属于真的异常。性格上一反常态,本来开朗大方,突然沉默寡言,不与人交往,成绩虽没有整体滑坡,但个别学科波动较大。这两种情况通常多出现在上学期两次测试以后,下学期的考前两个月左右,数量要多些,程度重些。

面对异常,无动于衷不对,手忙脚乱也不行。激流深处有险滩,妖风起处躲恶魔,所有的异常背后都有正常的原因在,只是我们疏于发现罢了。

这两种异常背后,有着共同的正常原因,把这些正常的真实又具体原因按实了,异常也就被解释清楚了,再施以相应的做法,异常也就重新回归正常。

二、造成异常的原因

第一,无症状疲劳。这种异常多出现在考前两个月左右。频繁地测试训练,公式化程序化地平淡评讲与抱怨,整体化地催逼与号召,机械枯燥的生活节奏,许多人虽无头昏脑涨的症状之感,但事实上已经疲惫,测试结果有波动,多数是情理之中的事。

第二,临近效应的刺激。在上述背景下,考试日期又在悄无声息中越来越临近,抬头必见的倒计时挂历,更是刺眼刺心。每当此时,总会有一种莫名的紧迫和不情愿的预感困扰自己,身不由己地考试遗憾就这样不期而至了。

第三,强烈的补偿心理在作祟。面对着现实的不如人意,回忆着曾经的底气与实力,总是心有不甘,总是强烈的渴望结束遗憾,补偿遗憾。这就应了那句老话,过度地期望常会导致失望,因为,主观愿望不论怎样强烈甚至美好,终究不能代替客观过程的严谨与规范。

第四,失误矫正的无针对性和浅表性。这种情况长期存在,普遍存在。

明明是知识类的各种失误,有漏洞,有含糊,有混淆。不去引导学生多看书,会看书,看透书;还是一味地题海战术,或者争分夺秒地重复讲述,效果却还是微乎其微。老师讲得口干舌燥,学生听得筋疲力尽,甚至哈欠连天;老师批得头昏眼花,学生练得腰酸背痛。老师和学生还是照样踏实不起来,轻松不起来。

矫正的随意性和教条性做法,早该休矣!

就毕业班而言,异常的表现和出现皆有不同,主要源自考试压力这个原因多是相同的,分布的范围偏重于名校偏重于高分群体偏重于有性格缺陷的考生,这也是相同的。

因此,防止和克服异常的教育工作应该是有章可循的,应该是可以提前介入的。

附:升学考试的相关参考

心态阳光 思路清晰 方法得当 功夫到位

——兼答高初三学生和他们的家长

特级教师 秦汝高

编者按:

　　一年一度,年复一年,每当升学考试季节到来,努力拼搏的莘莘学子背后,总是站着一群辛苦忙碌又惴惴不安的家长。面对选拔考试的结果,让他们开心,为时尚早;让他们放心,不见得结果谁能放下? 就这么放着不管,又总是心有不甘。他们希望有一个明确肯定的结论,愿意满足他们这一要求的,始终没人露面。忙碌中担忧,期盼中不安,这就是高初三学生及家长们的基本生存状态。

　　为分担高初三学生及家长们的一些燃眉之需。我们特邀从教五十多年从事升学考试研究近四十年的特级教师秦汝高老师,请他就这一问题发表看法,秦老师欣然接受。相信他的整体思路和独到见解,会对广大学子和家长有所启发和帮助。

　　在现行的选拔体制下,学生到了高初三,就意味着承载梦想,就要面对选拔竞争。

　　竞争,就有胜负;选拔,就有上下。身为高初三学生以及他们背后的家长们,应该如何对待选拔竞争,这是必须统筹规划,精心安排和通盘考虑的。

一、阳光心态　始终如一

学习和考试向来都是严谨有序的脑力劳动过程。这个过程需要聚精会神,也要轻松快乐;需要奋力拼搏,也要从容淡定;需要志存高远,也要脚踏实地;需要坚韧不拔,也要劳逸结合。这是相辅相成的合理要求,也是凝聚才能开启智慧的阳光心态。把必须面对的负担和必要的轻松对立起来,或混淆起来,都是造成学习和考试中各种精神困扰的根由所在。

高初三学生身处面临选拔人才的特定阶段,同样甚至更加需要阳光心态的温暖和滋润。因为,现行的选拔体制下,频繁大量的训练测试在所难免。

在高初三学生群体中,心态不够阳光的表现多种多样,但仔细观察,主要有两种类型:一类是过于在乎考试结果的焦虑型,另一类是过于相信天赋疏于规范行为的简单自信型,或者叫盲目乐观型。两类表现各异,却有一个共同的结果,那就是考卷发下来时,都有不同程度的遗憾失分,普遍表现是会做的题目不止一处不止一次的失分,何以如此?

焦虑型的人最典型的特征是十分在乎考试结果即考分和排名。因为太在乎结果,所以他们又特别害怕实现不了预期的结果,强烈又固执的期待与特别的担心相叠加,使他们的心绪变得敏感又忙乱,考试过程必须有的严谨和有序就这样不知不觉地被打乱了。这个问题的实质是逻辑的颠倒,他们应该知道,结果总是过程的结果,过程必须是从容平静严谨有序的过程。

针对这类考生,成年的家长应该告诉孩子们,主观愿望再美好,也要符合并且服从客观实际,与其将考试目标理想化、绝对化,不如将考试过程期待客观化、弹性化。

与此同时,家长和学生还应进一步理解清楚考试选拔有客观标准。古今中外,任何选拔考试只有一个标准,即相对高分,从来没有以满分和绝对高分为标准选拔考生,当今的一流大学和一流高中也不例外。何况,大学和高中哪里就是我们所熟知的那么几所。

当我们彻底从选拔考试的神圣与神秘感中走出来以后,我们的内心就会一片开阔,我们的精神就会变得神清气爽,我们的情绪就能从容平静,理性的思考最终抚平了感性的忙乱,又何愁真实的水平不能如愿展现呢?

简单自信型的考生,他们在认识上容易浅尝辄止,在行为上习惯粗枝大叶,在总结过失上多数轻描淡写,还喜欢寻找各种借口为自己开脱,在对待未来的问题上要么急功近利,要么空发誓言。从试卷上看,他们会做失分和重复失分几乎俯拾皆是,屡见不鲜。

较之焦虑型心态,他们不忧不愁,这未必是坏事;但从选拔标准上看,他们常会痛失各种有利时机,这又成了成长中的大事,而且是追悔莫及的大事。

把这类人看成是不求上进,冤枉,因为他们并不全是有意为之;把他们说成是能力不足,笑话;对他们听之任之,这是对教育功效的否定,也是对教育责任缺少担当。

青少年身上普遍存在思想简单，行为浮躁的现象，其实是表现在他，责任在我。因为人皆是环境的产物，人都是教育的结果。

虽然已是高初三阶段，"拨乱反正"的并未为晚。身为家长，心平气和地坐下来，平等尊重地论起来，疏导孩子内心的纠结，引导他们理性回归，指导他们从具体小事做起，诱导他们自省自悟，慢慢地，他们体验了深入与轻浮的反差，脚踏实地与志大才疏的迥异，他们就有可能茅塞顿开，恍然大悟。真正的阳光心态一旦建立在理性基础之上，学习和考试方面的种种要求，他们自己就能坦然面对，顺利处理。

阳光心态看似与学业无关，却是完成良好学业的发动机，方向盘，甚至还是调节器。

二、思路清晰　力戒忙乱

到了高初三下学期，大剂量的训练，快节奏的评讲与测试，几乎成为常态。在这种气氛与背景之下，考生一旦缺少清晰的属于自己的思路，就会陷入被动机械、日复一日的忙于听课、训练和测试三件事。人没闲着，效果却不明显。论过程，一环不落；论长进，满意的少，失意的多。

考前总复习阶段，一个不能忽视的基本思路应该是：回到内心，回到课本，回到试卷。这三者有区别地相联系，有联系地相区别。不能割裂，不能对立，也不能等同。

(一)回到内心

回到内心之所以关键，是因为所有的学习环节都是人在进行，人的身心状态决定着训练测试的效率与效果。见

170

到考分波动,马上草木皆兵,甚至病急乱投医,这是常态之一;见到个别学科一直不见起色,要么强行下令,限期提高;要么长吁短叹,抱怨责备,到了这几招都失灵了,便无奈地放弃,这是常态之二。见到某一次测试有了长进,兴奋之余,又出告诫,上来了,不能再下滑,不能骄傲……言者苦口婆心,语重心长,听者胆战心惊:下次考试又要保持又要提高,我能有把握吗? 这是常态之三。

凡此种种,都是见分不见人的普遍反映,都是就事论事的处置办法,也是舍本求末的教育手段。所有的测试结果,不论成败得失,都是由人考出来的,成有成的必然,败有败的原因,人是根,分是果。离开对人的了解与理解,只是一厢情愿地甚至是固执己见地求破解,能行吗?

回到内心,就是要结合自己训练测试的结果,准确地评估近期的精神状态,以便从各种不同的结果上求证出具体的心态上的原因。例如,相同难度的试题,当着作业来做,几乎一帆风顺;当考试去完成,则低级错误频频,这是典型的考试目标理想化、绝对化的期待效应;又如,大多数基础题做下来,几乎一路顺畅,毫不犯难。发下试卷,又是大小遗憾随处可见,这是浮躁心态和无意轻视以及思维定式等共同作用的结果。再如,本来做对的题目后来又阴差阳错鬼使神差地把它改成错的了,这是审题不清加上患得患失的心态起作用的必然结果;还有,基础题做得丢三落四,有深度的题目却做得有鼻有眼,甚至滴水不漏。这是对考试评价显得无知的结果,他们一不懂基础题定大局,二不懂失分的性质不同,失分的价值却完全相同的道理。

从心态上,这类学生还有一种狭隘自负的心理感觉。他们总觉得只有在有难度的试题面前才有他们的用武之地,才能展示他们的智力价值,他们也才愿意把自己的注意力真正集中起来;至于那么多决定输赢成败的基础题,他们的感觉是不在话下,做法是一气呵成,一步到位,结果多数是:哎呀,怎么我又错了呢?

如此看来,在频繁的复习训练中,不去劝导和帮助孩子们回到他们的内心,总是在考分和排名上绕来绕去,这和隔岸观火、隔靴搔痒又有何别?

(二)回到课本

回到内心的道理弄清以后,回到课本的思路既自然又必然地被提到我们的面前。

两种常见的情况让我们坚定了回到课本的必要。

不少老师都不止一次地在一些试卷上发现,学生好多知识性失误,决不来自题外,本来就在课本相关的章节之中,可是他们习惯于做题目、考题目。课本在他们的心里,早已束之高阁,抛在脑后。知识疏漏和知识模糊的种种失误,不从课本开始,方向和路线都错了。

另一种情况是,相同难度的习题当成作业完成,几乎没有困难;当考卷做,则困难不少不轻。为什么?做作业时可以看书,可以问别人,一旦考试,这两个条件同时消失,基础知识的缺乏与含糊便随时出来惩罚他们平时不肯看书,不肯深入看书的习惯。与此类似的情况还有读题难的问题。难题的本质就是没看懂,没看懂的原因就是对试题所提供的信息不能理解,理不清的关键在看书太少太浅,理论思维从来就没能得到充分的训练。书本知识就不深不透,反而要求对试题融会贯通,触类旁通,哪来这等好事?

回到课本的战略意义在于,只有深入到课本之中,才能居高临下,才能追根求源。五花八门、千变万化的习题根在课本。寻根才能问底,寻枝再多,只能被枝繁叶茂所困。整天游走于题海的人常被熬得身心俱疲,应该回头想想了。

回到课本的战略意义还在于,只有掌握了书本知识的系统与准确,才能堵住试题中的疏漏与含糊;只有掌握到书本知识的深刻与灵活,才能对各种试题居高临下,机动处置。所谓知之深,行之坚;知之浅,行之轻;知之乱,行之慌,难道没有道理吗? 这就是回到课本的基本要求,也是获得基本分的真正保证。这个基本分在中考试卷中约90%以上,在高考试卷中也不低于80%。达不到这个标准的,多数不是智力和体力差异;心力不到,才是根本。

回到课本的要求如下:

第一,平心静气,聚精会神。这是前提条件。为看书而看书,走马看花,没轻没重,东翻西看,都是心气不宁难见效果的根由所在。

第二,学会取舍。课本上许多举例的段落和重复过渡的文字,皆不是着力之处;到了总复习阶段,书上有好多内容已经掌握得很娴熟,测试期间得心应手,这部分知识就不该再在深加工之列。经过内容和程度上的两道取舍,需要深入加工的知识已经为数不多。这样,回到课本的必要就有了针对性和有效性的双重保证。

需要进一步提醒的是,即使回到书本的必要性和做法上的针对性、结果上的有效性全被认同和接受,真的自觉深入地做起来,还要克服两种心理因素的干扰。

一种是侥幸和回避心理的干扰。抱有侥幸心理的人常常把有限的题量与浩如烟海的知识量简单比较,总认为题目不可能涵盖全书,所以未必看书非要系统不漏;抱有回避心理的人对于自己不太喜欢或者难度较大的内容,常常以各种借口绕道而行,结果总是越是侥幸越考到越是回避越是回避不了。侥幸和回避都是投机心理,本质上是怕苦畏难情绪在作怪。只要不是志大才疏的人,只要不愿停在梦想中陶醉而希望在脚踏实地的努力中长进和发展的人,就该断然克服侥幸和回避心理的干扰。

另一种是恋熟厌生心理的干扰。具有这种心理的人,对自己熟悉又喜欢的学科或内容,只要一接触,就津津乐道,一往情深,流连忘返,他们在愉快的过程中享受成功的乐趣,在享受的过程中冷落了、忽视了对那些未知或知之不深的内容的探究。到了考场上,他们熟悉和喜欢的内容不可能加倍偿还他们,他们冷落和忽视的内容却必然要惩罚他们感情用事的幼稚和轻浮。忏悔和自责有用吗?

(三)回到考卷

回到内心,回到课本,还不是整体思路的全部,回到已经测试过的考卷,才是我们整体思路的落脚点,也是直接目的的所在。因为,回到内心、回到课本,最终结果如何,总要回到考卷之后,才能做出相对准确的判断。

考卷相对于考生,犹如一面明镜,照出各人的成败得失;又是一张化验清单,成败得失的具体表现和原因尽收其中。循着那些真实生动的表现,才能确认各人真正的教训在哪里,所提出的对策和做法也才接近真相,接近真相的要求既符合客观,又能切实可行,效果就在意料之中了。

回到试卷,不是快速的订正,不是机械被动地听老师评讲,也不是不厌其烦地整理错题集,更不是欣赏眼前的高分或者慨叹暂时的低分。

回到试卷,是考生自己主动深入地自省自悟的精细过程,包括四个步骤:

第一步,发现问题。对大多数考生而言,重点应放在能力以内的问题上,少量能力之外又不关全局的问题,暂不作考虑,留待专门处理,千万不要主次颠倒。放着大片的基础题失分视而不见,却热衷于个别难题的冥思苦想,这是得不偿失的做法。

第二步,分析问题。这是回到试卷的核心和关键。没有深入的分析,就弄不清事情的来龙去脉,就不能从根本上说明成败得失的根由所在。

分析的根本方向是失分的性质要明确,原因要具体,表现要真实。精英学子中就有人将2+3算成等于6,失分的性质是典型的非能力失分,失分的原因是无意轻视和思维定式相继作用的结果,失分过程的表现是想法简单化并且情绪化,做法轻率化。

类似的这些令人啼笑皆非的极端低级失误,从来都不是个别现象。但是普遍的解释却离不开万能的"粗心大意",处置的方式又总是千篇一律的"下回注意"。这些苍白无力的说辞为什么至今还挂在不少人嘴边,就事论事的思维惯性掩盖了深入分析的理性思考,是失分的关键所在。

第三步,处理问题。处理问题需要遵循三个原则,首先是分析在先的原则,不在深入分析的基础上急着处理问题,很容易陷入就事论事的老路,评讲和订正一结束就万事大吉。其次是分类的原则。非能力失分五花八门,从试卷上看,大致可分为三类:审题类,有把题目看错看漏两种表现;答题类,有计算失误、步骤残缺、书写不规范、先答对后改错、誊抄有误、心手不一六种表现;知识类,有知识疏漏和知识含糊的两种表现。分类的原则是便于集中,以免分散精力。审题答题的两类错误有着不少共同的原因,完全可以合并处理。知识类的低级失误是不肯看书、不会看书、不深入看书造成的,处理的方法就该与前两类不同。再次是自力更生和互相帮助相结合的原则。强调自力更生是因为低级失误的产生和表现大都源于考生本人的主观因素,不经过自己洗心革面和深切感悟,仅凭别人的劝说很难从根本上奏效。极简单的例子如,简单的知识问题请教别人,马上有了答案,但特点是来得快去得也快,下次考试又成了空白。更何况,上述三类非能力失分,都和人的认识因素、心理因素、性格因素息息相关,这些因素的调整和纠正,不经过自省自悟和深切体验,断难收到温故方能知新的效果。

这几个原则明确了,具体做法就极为简单明确,而且便于操作。例如,审题和答题两类的低级失误,只要在平时养成严谨有序从容不迫的性格,考前对既往的错误再反复重温,考中能做到答题确认,并且坚持考试目标客观化、弹性化,用以取代考试目标的理想化、绝对化等。再如知识类低级错误,我们一直坚持认为,肯看书、会看书的人不会犯漏洞错误,看透书的人不但不犯知识含糊错误,还会少犯读题不清的错误。

基本思路清晰了,就会忙中有序,忙而有效。

三、方法得当　事半功倍

书商手上的各种教辅资料,常把学法和考法的功效炫得神乎其神,甚至所向无敌。不少家长和学生笃信无疑,慷慨买进。一段时间过去了,看看长进不大,好多资料便被抛到一边。我们不能因此就否定方法的作用;我们思考的问题是,第一,方法是否得当? 第二,方法生效的必备条件和充分条件有哪些? 第三,最根本的方法究竟是思维方法还是那么多数不清的具体方法?

实践反复证明,方法生效的必备条件是功夫,不肯下功夫的人再好的方法也用不好;方法生效的充分条件是心态平和,精神集中。急功近利的人只求速胜,不肯坚持。

因此,我们在这里集中讨论的是最根本的思维方法。最根本的思维方法包括:

(一)定向性。

强调专注与集中,防止分散与盲目。

(二)有序性。

主张循序渐进,由浅而入深,由易再到难,先简而后繁;反对急躁冒进,反对自作聪明的跨越,反对脱离规范的杜撰。

(三)立体性。

立体性就是思维方法的全面性。主张多角度多层次地思考问题,力戒思维方法的表面性、片面性,力戒思维僵化和呆板。这种思维方法与机械刻板相对立,与表面片面相区别,与生动灵活相一致。在平时学习和测试中,多数态度还算认真、功夫也愿付出的学生,学业上却少有起色,水平上难有突破的基本原因,都可以从思维的僵化方面去寻到。

有了这种思维方法的改进与改善,人们常说的梳理与归类,分解与分析,取舍与加工,重温与体验等具体做法,就成了有源之水,有本之木,也才能居高临下,登高望远。事半功倍的效果应该是水到渠成的事,而不是头痛医头脚痛医脚的事。

四、功夫到位　效果保证

身为临近选拔的高初三学生,功夫到位应该理解为全面到位,合理到位,持之以恒地到位、脚踏实地地到位,而不是没有标准一时冲动地到位。

所谓全面到位,应该包括心态阳光、思路清晰、方法得当、功夫到位四个方面,它们有机统一,相辅相成。把它们割裂开来,孤立起来的做法,都犯了片面性的错误,很难有预期的效果。

合理到位强调因人而异,强调扬长避短,主张从学生的真实情况出发,而不是千篇一律,众人一策。

持之以恒强调善始善终;反对一曝十寒,三天打鱼两天晒网。

脚踏实地主张一步一脚印,步步留脚印;反对蜻蜓点水,反对做样子,卖关子。

总之,功夫到位必须知行统一,反对言行不一。功夫到位了,作证的是效果,不该再是惊叹和疑问。

我们相信,阳光心态和思路清晰相结合,方法得当与功夫到位相统一,造就的一定是能够长足进步的人才,绝不是违背教育规律拼命挤榨出来的几个高分。

最后我们要特别提醒的是每一个毕业班学生背后的家长,在走出升学考试的神圣感和神秘感之后,家长自身的心态首先要平和起来。特别是对那些考分暂时不占优势的孩子,千万不要以无望的眼光看待他们。人才本身是多元的,永远不要以高学历作为衡量和判断人才的唯一标准。我们要始终坚信,人的天赋潜能是巨大的,聪颖早慧的未必全成人才,大器晚成的人才古今皆有,没有显赫的学历却有非凡造诣的各类人才比比皆是。家长要毫不动摇地把握住的是孩子的人品不能歪,身心健康不能缺,奋斗精神不能少。暂时的低分但最后成为耀眼人才的现象决不是特例。家长永远是孩子健康成长的引路人,这是天职和本分;一厢情愿地不遗余力地充当孩子的命运设计师,常常事与愿违,吃力不讨好。